"Das Unbehagen in der Kultur"

Die Bedeutung von Aggression und Selbstvernichtungstrieb in der Gesellschaft

In
einfachen Worten
zusammengefasst

Inhaltsverzeichnis

Vorwort   3

Biografie   5

Kapitel 1   7

Kapitel 2   17

Kapitel 3   27

Kapitel 4   36

Kapitel 5   42

Kapitel 6   48

Kapitel 7   52

Kapitel 8   60

Vorwort

Es ist mit großer Freude und Ehrfurcht, aber auch mit einer gewissen Besorgnis, dass ich Ihnen dieses bemerkenswerte Werk von Sigmund Freud vorstelle: "Das Unbehagen in der Kultur". Freud, einer der bedeutendsten Denker des 20. Jahrhunderts, hat mit seinen bahnbrechenden Ideen die psychologische, philosophische und soziologische Landschaft nachhaltig geprägt. In diesem Werk, das ursprünglich im Jahr 1930 veröffentlicht wurde, beschäftigt er sich mit der Frage, die wohl so alt ist wie die Menschheit selbst: Was ist die Natur der menschlichen Kultur und wie beeinflusst sie unser Leben?

"Das Unbehagen in der Kultur" ist ein Werk, das uns tief in die Grundfesten der menschlichen Existenz führt und uns mit den tiefsten Trieben, Wünschen und Konflikten konfrontiert, die in jedem von uns schlummern. Freud entfaltet vor uns eine komplexe Analyse der menschlichen Psyche und erklärt, wie unsere natürlichen Instinkte und Triebe mit den Anforderungen der Kultur kollidieren. Er zeigt auf, wie die Zivilisation, obwohl sie uns Sicherheit und Fortschritt bringt, auch eine Quelle von Leid und Unbehagen sein kann.

Der Leser wird Zeuge von Freuds scharfsinniger Beobachtungsgabe und seinem einfallsreichen Denken. Er nimmt uns mit auf eine Reise durch die Geschichte der menschlichen Kultur und erklärt, wie die Triebe des Einzelnen mit den Normen und Werten der Gesellschaft in Konflikt geraten. Dabei schreckt Freud nicht davor zurück, unbequeme Wahrheiten auszusprechen und Tabus zu brechen.

Dieses Werk ist sicherlich keine leichte Lektüre, und es kann herausfordernd sein, sich mit Freuds komplexen Theorien auseinanderzusetzen. Doch es ist eine Reise, die es wert ist, angetreten zu werden, denn sie ermöglicht uns ein tieferes Verständnis der menschlichen Natur und der Kräfte, die unsere Gesellschaft prägen. Wir werden dazu ermutigt, unsere eigenen

Überzeugungen und Wertvorstellungen zu hinterfragen und die Ambivalenz und den Konflikt in uns selbst anzuerkennen.

Als Leser sollten Sie bereit sein, sich auf eine intellektuelle und emotionale Herausforderung einzulassen. Sie werden mit Fragen konfrontiert, die nicht leicht zu beantworten sind, aber die Ihnen helfen werden, sich selbst und die Welt um Sie herum besser zu verstehen. "Das Unbehagen in der Kultur" ist nicht nur ein Buch über die menschliche Psyche, sondern auch ein Aufruf zur Selbstreflexion und zur Suche nach einer tieferen Bedeutung unseres Lebens.

Ich hoffe, dass Sie die Reise durch dieses Werk von Sigmund Freud mit Offenheit und Neugier antreten werden. Es wird sicherlich eine Erfahrung sein, die Ihr Denken erweitern und Ihre Sichtweise auf die menschliche Natur und die Gesellschaft verändern wird.

Biografie

Sigmund Freud, vollständiger Name Sigismund Schlomo Freud, wurde am 6. Mai 1856 in Freiberg, Mähren (heute Příbor, Tschechien), geboren. Er war das erste Kind von Jacob Freud, einem jüdischen Textilkaufmann, und Amalia Nathanson. Die Familie zog später nach Wien, wo Freud seine Kindheit und Jugend verbrachte.

Freuds Interesse an der Medizin und der menschlichen Psyche entwickelte sich früh. Nach dem Abschluss der Matura im Jahr 1873 begann er ein Medizinstudium an der Universität Wien und spezialisierte sich auf Neurologie. Während seiner Ausbildung wurde er von den Ideen des deutschen Physiologen Ernst Brücke beeinflusst und arbeitete später im Wiener Allgemeinen Krankenhaus unter der Leitung des Neuropathologen Theodor Meynert.

Im Jahr 1881 erhielt Freud seinen Doktortitel und begann seine Arbeit als Arzt in Wien. Er spezialisierte sich auf neurologische Störungen und beschäftigte sich besonders mit der Behandlung von Hysterie-Patientinnen, die er später als "Patientinnen mit hysterischen Konversionssymptomen" bezeichnete.

Im Jahr 1885 heiratete Freud Martha Bernays, die er während eines Urlaubs in England kennengelernt hatte. Das Paar hatte sechs Kinder, darunter Anna Freud, die später ebenfalls eine bedeutende Psychoanalytikerin wurde.

In den 1890er Jahren entwickelte Freud seine bahnbrechende Methode der Psychoanalyse, die auf der Untersuchung des Unbewussten beruhte. Seine frühen Arbeiten, wie "Die Traumdeutung" (1900) und "Die Psychopathologie des Alltagslebens" (1901), wurden zwar kontrovers diskutiert, aber auch von einigen Kollegen und Intellektuellen positiv aufgenommen.

1902 gründete Freud die Wiener Psychoanalytische Vereinigung und eröffnete 1910 das weltweit erste psychoanalytische Ausbildungsinstitut. Er schuf auch den berühmten Begriff des "Ödipuskomplexes" und erforschte die Bedeutung von Sexualität in der menschlichen Psyche, was damals als provokativ und skandalös galt.

Während des Ersten Weltkrieges setzte Freud seine Arbeit fort und veröffentlichte seine berühmten Schriften "Jenseits des Lustprinzips" (1920) und "Das Ich und das Es" (1923). Freud selbst musste während des Krieges nach einer Kieferoperation, bei der er wegen seines Mundkrebses eine Prothese erhielt, schwere körperliche Schmerzen ertragen.

1923 wurde bei Freud Mundkrebs diagnostiziert, was zu einer langjährigen und schmerzhaften Behandlung führte. Seine Arbeit wurde jedoch dadurch nicht beeinträchtigt, und er setzte seine theoretische Entwicklung fort. Obwohl er für seine Arbeit international anerkannt wurde, blieben seine Theorien in der akademischen Welt umstritten.

1938 ergriffen die Nationalsozialisten Österreich und Freud musste vor der Verfolgung durch die Nazis fliehen. Er zog nach London, wo er bis zu seinem Tod lebte. Freud starb am 23. September 1939 an den Folgen seines Krebsleidens.

Freud hat die moderne Psychologie und Psychiatrie maßgeblich beeinflusst. Seine Theorien zur Psychoanalyse, die die Bedeutung des Unbewussten und die Rolle der Sexualität betonten, haben einen enormen Einfluss auf die Entwicklung der Psychotherapie und die Erforschung des menschlichen Verhaltens gehabt. Sein Werk ist bis heute eine wichtige Grundlage für die moderne Psychologie und hat zahlreiche Anhänger und Kritiker inspiriert.

Kapitel 1

Insgesamt reflektiert Freud über die menschliche Natur und das Streben nach Macht, Erfolg und Reichtum. Er stellt fest, dass die Menschen oft falsche Maßstäbe anlegen und wahre Lebenswerte unterschätzen. Dennoch warnt er davor, zu pauschalisieren und die Vielfalt der menschlichen Welt und ihrer emotionalen Erfahrungen aus den Augen zu verlieren.

Er erwähnt einen besonderen Mann, den er als seinen Freund bezeichnet. Dieser Freund stimmt mit dem Autor überein, dass Religion eine Illusion ist. Allerdings bedauert er, dass Freud nicht die eigentliche Quelle der Religiosität gewürdigt hat, die er als ein Gefühl der "Ewigkeit" bezeichnet. Dieses Gefühl, das er als "ozeanisch" beschreibt, ist ein subjektives Erlebnis, das nichts mit Glaubenssätzen oder persönlicher Fortdauer zu tun hat. Es ist eine Empfindung von Unbegrenztheit und Schrankenlosigkeit, die die Quelle religiöser Energie bildet. Obwohl dieses ozeanische Gefühl von den verschiedenen Kirchen und Religionssystemen in bestimmte Kanäle gelenkt und möglicherweise sogar aufgezehrt wird, betont der Freund, dass man sich trotz Ablehnung von Glauben und Illusionen dennoch religiös nennen könne, solange man dieses Gefühl der Verbundenheit mit dem Unendlichen empfindet.

Freud selbst kann dieses ozeanische Gefühl in sich nicht entdecken, es erscheint ihm eher als intellektuelle Einsicht. Er stellt die Frage, ob dieses Gefühl richtig interpretiert und als die Grundlage aller religiösen Bedürfnisse anerkannt werden sollte.

Daraufhin reflektiert Freud über die Entwicklung des Ich-Gefühls im Menschen. Er argumentiert, dass das Ich-Gefühl des Erwachsenen nicht von Anfang an so klar und abgegrenzt ist, wie es erscheint. Vielmehr entwickelt es sich allmählich im Laufe der Kindheit, während das Kind lernt, zwischen sich selbst und der Außenwelt zu unterscheiden. Diese Abgrenzung ist notwendig, um die Unlustempfindungen zu vermeiden, die vom Lustprinzip beherrscht werden. In der frühen Kindheit existiert noch keine klare Trennung zwischen dem Selbst und der Außenwelt, aber durch Erfahrungen mit Lust und Unlust sowie Interaktionen mit der Umwelt entwickelt sich allmählich ein differenziertes Ich-Gefühl.

Freud schlägt vor, dass das Unbehagen in der Kultur aus der Spannung zwischen individuellen Bedürfnissen und den Anforderungen der Gesellschaft entsteht. Die Zivilisation verlangt von den Menschen, ihre Triebe und Verlangen zu kontrollieren, was zu Konflikten und Unbehagen führen kann. Die Unterdrückung von Trieben und Verlangen kann wiederum zu psychischen Störungen führen.

Insgesamt behandelt dieser Auszug verschiedene Aspekte des menschlichen Erlebens, darunter das Streben nach materiellem Erfolg, die Natur der Religiosität und die Entwicklung des Ich-Gefühls. Freud fordert zu einer differenzierten Betrachtung der menschlichen Natur auf und weist darauf hin, dass die Quellen von Gefühlen und Bedürfnissen vielschichtig und individuell sind.

Freud offenbart, dass es sich bei diesem Freund um Romain Rolland handelt. Rolland hat in Briefen an den Autor von einem besonderen Gefühl gesprochen, das er als "ozeanisch" beschreibt. Dieses Gefühl der "Ewigkeit" oder "Unendlichkeit" ist für Rolland eine subjektive Erfahrung, die er bei sich selbst ständig spürt und die er auch bei vielen anderen Menschen vermutet. Es ist ein Gefühl von Unbegrenztheit und Verbundenheit mit dem Ganzen der Außenwelt.

Freud gesteht jedoch, dass er dieses ozeanische Gefühl nicht in sich selbst entdecken kann. Er betrachtet es eher als intellektuelle Einsicht, begleitet von einem gewissen emotionalen Ton, der bei ähnlich bedeutenden Denkakten vorhanden sein kann. Obwohl er es nicht persönlich erfahren kann, will er nicht bestreiten, dass andere Menschen dieses Gefühl tatsächlich haben könnten. Er erwägt jedoch, ob es richtig interpretiert und als Ursprung aller religiösen Bedürfnisse anerkannt werden sollte.

Freud gibt zu bedenken, dass es schwierig ist, Gefühle wissenschaftlich zu erforschen. Er erwähnt, dass man versuchen kann, ihre physiologischen Anzeichen zu beschreiben, aber in manchen Fällen bleibt nur die Assoziation des Gefühls mit bestimmten Vorstellungsinhalten übrig. Es ist ein komplexes Thema, da Gefühle individuell erlebt werden und nicht immer einfach zu analysieren sind.

Er verweist auf einen Dichter, der seinen Helden mit den Worten tröstet: "Aus dieser Welt können wir nicht fallen. Wir sind einmal darin." Dieses Zitat verdeutlicht das Gefühl der unauflösbaren Verbundenheit mit der Welt und der Überzeugung, dass wir untrennbar ein Teil von ihr sind.

Obwohl Freud das ozeanische Gefühl nicht in sich selbst findet, erkennt er die Möglichkeit, dass es bei anderen Menschen existieren kann. Es stellt sich jedoch die Frage, ob dieses Gefühl wirklich die Quelle religiöser Bedürfnisse ist oder ob es andere Faktoren gibt, die zur Religiosität führen.

Insgesamt zeigt dieser Auszug die Komplexität der menschlichen Gefühlswelt und wie verschiedene Menschen unterschiedliche Empfindungen haben können. Freud hinterfragt die Bedeutung des ozeanischen Gefühls in Bezug auf die Religiosität und betont die Schwierigkeiten, solche subjektiven Erfahrungen wissenschaftlich zu erforschen und zu interpretieren.

Normalerweise ist das Gefühl des Selbst (das Ich) für uns am sichersten und klarsten. Es erscheint als eigenständig und abgegrenzt von allem anderen. Allerdings zeigt die psychoanalytische Forschung, dass das Ich keine klare Grenze zum Unbewussten (dem Es) hat und dass es tatsächlich in einem unbewussten seelischen Wesen fortgesetzt wird, das als Fassade dient.

Freud erklärt, dass es jedoch einen außergewöhnlichen Zustand gibt, in dem die Grenze zwischen Ich und Objekt zu verschwimmen droht. Er bezieht sich auf den Zustand der Verliebtheit, in dem der Verliebte behauptet, dass er und sein geliebtes Objekt eins seien, und bereit ist, sich entsprechend zu verhalten. In diesem Zustand kann die klare Abgrenzung des Ichs vorübergehend durch eine physiologische Funktion aufgehoben werden.

Die Pathologie zeigt, dass es viele Zustände gibt, in denen die Abgrenzung des Ichs gegenüber der Außenwelt unsicher wird oder sogar die Grenzen falsch gezogen werden. Es gibt Fälle, in denen Teile des eigenen Körpers oder Aspekte des eigenen Seelenlebens als fremd und dem Ich nicht zugehörig erscheinen. Andererseits können auch Wahrnehmungen, Gedanken und Gefühle, die im Ich entstanden sind, der Außenwelt zugeschrieben werden, obwohl sie eigentlich vom Individuum anerkannt werden sollten. Dies zeigt, dass das Ich-Gefühl Störungen unterworfen ist und dass die Grenzen des Ichs nicht stabil sind.

Freud zieht Parallelen zwischen der Verliebtheit und den krankhaften Zuständen, in denen die Ich-Grenzen gestört sind. Es wird klar, dass das Ich-Gefühl nicht immer so eindeutig und klar abgegrenzt ist, wie es scheint, sondern dass es von verschiedenen Faktoren beeinflusst und in außergewöhnlichen Zuständen sogar vorübergehend verändert werden kann.

Freud bezieht sich auf die zahlreichen Arbeiten über die Ichentwicklung und das Ich-Gefühl von verschiedenen Forschern wie Ferenczi, der 1913 über die Entwicklungsstufen des Wirklichkeitssinnes schrieb, bis hin zu den Beiträgen von P. Federn in den Jahren 1926 und 1927.

Der Säugling unterscheidet sich zunächst nicht selbst von der Außenwelt, da er die Quellen seiner Empfindungen noch nicht klar voneinander trennen kann. Allmählich lernt das Kind jedoch durch verschiedene Reize und Anregungen, dass bestimmte Quellen der Empfindungen ihm jederzeit Empfindungen zusenden können, während andere sich zeitweise entziehen können, wie zum Beispiel die Mutterbrust, die erst durch Schreien herbeigeholt wird.

Die häufigen Schmerz- und Unlustempfindungen, die das unumschränkte Lustprinzip aufheben und vermeiden, dienen als weiterer Antrieb zur Loslösung des Ichs von der Empfindungsmasse und zur Anerkennung einer externen Realität. Das Kind neigt dazu, alles, was Quelle solcher Unlust werden könnte, vom Ich abzusondern und ein reines Lust-Ich zu bilden, das sich einer fremden und bedrohlichen Außenwelt gegenüber sieht.

Jedoch kann dieses primitive Lust-Ich nicht den Realitätsansprüchen standhalten. Das Kind lernt durch Erfahrungen, dass manche Dinge, die als lustspendend wahrgenommen werden, nicht zum Ich gehören, sondern Objekte sind. Gleichzeitig erweisen sich manche Qualen, die man abwehren möchte, als untrennbar mit dem Ich verbunden und haben eine innere Herkunft.

Im Laufe der Entwicklung lernt das Kind durch absichtliche Lenkung seiner Sinnestätigkeit und geeignete Muskelaktionen, zwischen inneren und äußeren Erfahrungen zu unterscheiden. Dies ist der erste Schritt zur Einsetzung des Realitätsprinzips, das die weitere Entwicklung des Ichs beeinflusst.

Die Unterscheidung zwischen inneren und äußeren Erfahrungen dient der praktischen Absicht, sich vor verspürten Unlustempfindungen zu schützen. Interessanterweise bringt das Ich zur Abwehr von inneren Unlustgefühlen die gleichen Methoden zur Anwendung wie bei äußeren Unlustgefühlen. Freud macht darauf aufmerksam, dass diese Tatsache den Ausgangspunkt für bedeutsame krankhafte Störungen darstellen kann.

Er argumentiert, dass das heutige Ich-Gefühl des Menschen lediglich ein eingeschrumpfter Rest eines ursprünglich weit umfassenderen und allumfassenden Gefühls ist, das eine innigere Verbundenheit des Ichs mit der Umwelt ausdrückte. Es wird die Idee vorgeschlagen, dass dieses primäre Ichgefühl in vielen Menschen in irgendeiner Form erhalten geblieben sein könnte, während das Ichgefühl in der Reifezeit ein enger und schärfer umgrenztes Gefühl darstellt.

Freud vergleicht dieses mögliche Überleben des Ursprünglichen mit der Evolution in der Tierwelt. Auch dort haben sich hochentwickelte Arten aus niedrigeren entwickelt, aber viele einfache Lebensformen existieren immer noch neben den hochentwickelten Arten. Die Analogie mag nicht perfekt sein, aber es wird darauf hingewiesen, dass auf seelischem Gebiet die Erhaltung des Primitiven neben dem Umgewandelten häufig vorkommt.

Dieses Vorkommen könnte durch eine Entwicklungsspaltung entstanden sein, bei der ein quantitativer Anteil einer Einstellung oder Triebregung unverändert geblieben ist, während ein anderer Teil eine weitere Entwicklung erfahren hat. Mit anderen Worten, das ursprüngliche allumfassende Ich-Gefühl könnte in einem gewissen Maße neben dem differenzierteren Ichgefühl der Reifezeit weiterbestehen.

Freud stellt die Frage, ob es berechtigt ist, das Überleben des ursprünglichen Gefühls anzunehmen. Es ist nicht möglich, dies endgültig zu beweisen, aber es gibt viele Beispiele auf seelischem Gebiet, die zeigen, dass das Ursprüngliche in unterschiedlicher Form und Intensität oft erhalten bleibt, während sich andere Aspekte weiterentwickeln.

Der Vergleich mit der Evolution in der Tierwelt zeigt, dass die Idee eines überlebenden ursprünglichen Ich-Gefühls plausibel ist, auch wenn sie nicht mit konkreten Beispielen belegt werden kann. Dieses ursprüngliche Gefühl der Unbegrenztheit und der Verbundenheit mit der Umwelt könnte als Gegenstück zum enger umgrenzten Ichgefühl der Reifezeit stehen, das im Text als "ozeanisches" Gefühl bezeichnet wird.

Es wird darauf hingewiesen, dass das Thema der Erhaltung im Seelenleben bisher nur wenig erforscht wurde, aber dennoch reizvoll und bedeutsam ist. Früher glaubte man fälschlicherweise, dass Vergessen eine Zerstörung der Gedächtnisspur bedeutet, aber mittlerweile tendiert man zur Annahme, dass im Seelenleben nichts wirklich vernichtet wird, sondern dass alles irgendwie erhalten bleibt und unter geeigneten Umständen wieder auftauchen kann, etwa durch Regression.

Um diese Annahme zu verdeutlichen, verwendet Freud das Beispiel der Entwicklung der Ewigen Stadt Rom. Historiker berichten, wie sich das ursprüngliche Rom von der Roma Quadrata, einer umzäunten Ansiedlung auf dem Palatin, zu einer größeren Stadt mit den Servianischen Mauern entwickelte und schließlich von den Aurelianischen Mauern umgeben wurde. Heute können wir noch Reste dieser Mauern sehen, aber die Gebäude und Strukturen, die einst diese Stadien füllten, sind größtenteils verschwunden oder in späteren Zeiten wieder aufgebaut worden. Das heutige Rom ist eine Mischung aus Überresten der Vergangenheit und modernen Bauten, die über die Jahrhunderte hinweg entstanden sind.

Ähnlich verhält es sich im Seelenleben: Frühere Erfahrungen und Gefühle bleiben irgendwie erhalten, aber sie können sich im Laufe der Zeit verändern, verschwinden oder von späteren Erfahrungen überlagert werden. Die Erhaltung im Psychischen kann mit den Einsprengungen von Überresten alter Strukturen in einer historischen Stadt verglichen werden. Einige Aspekte der Vergangenheit bleiben erhalten, während andere sich verändern und neu gestaltet werden.

Freud betont, dass die Erhaltung im Psychischen ein komplexes Phänomen ist, das weiterer Untersuchung bedarf. Die Vorstellung, dass nichts im Seelenleben wirklich zerstört wird, sondern sich eher transformiert oder verborgen bleibt, öffnet interessante Perspektiven für die Psychologie und die Erforschung der menschlichen Psyche.

Er stellt sich vor, dass Rom nicht nur eine menschliche Stadt, sondern ein lebendiges psychisches Wesen mit einer langen und reichen Vergangenheit ist. In diesem fiktiven Szenario existieren alle früheren Entwicklungsphasen von Rom gleichzeitig mit der aktuellen Phase weiter.

Zum Beispiel würde auf dem Palatin nicht nur der aktuelle Palast stehen, sondern auch die Kaiserpaläste und das Septizonium des Septimius Severus. Anstelle des Palazzo Caffarelli würde der Tempel des Kapitolinischen Jupiter stehen, sowohl in seiner letzten Gestalt als auch in seiner ursprünglichen etruskischen Form. Das Colosseum und die verschwundene Domus aurea von Nero würden nebeneinander existieren, ebenso wie das heutige Pantheon und der ursprüngliche Bau von M. Agrippa auf dem Pantheonplatz.

Freud erkennt jedoch, dass diese Vorstellung absurd und unvorstellbar ist. Sie zeigt auf, dass das historische Nacheinander räumlich nicht gleichzeitig nebeneinander existieren kann. Es ist unmöglich, dass derselbe Raum zwei unterschiedliche Füllungen aufweist. Diese phantastische Annahme verdeutlicht die Schwierigkeit, die Eigentümlichkeiten des seelischen Lebens durch anschauliche Darstellungen zu erfassen.

Letztendlich zeigt dieser Gedanke, dass das Psychische komplexer ist als eine bloße räumliche Darstellung es vermitteln könnte. Es verdeutlicht, dass die menschliche Psyche viele Schichten, Entwicklungsstufen und Erinnerungen beinhaltet, die sich auf komplexe Weise miteinander verflechten. Die Phantasie des Autors erinnert uns daran, dass das menschliche Seelenleben tiefgründig und vielschichtig ist und dass die Darstellung und Erforschung dessen immer eine gewisse Komplexität und Nuancen erfordert.

Weiterhin befasst sich Freud mit einem möglichen Einwand gegen seine Theorie der Erhaltung im Seelenleben. Der Einwand besagt, dass die Annahme der Erhaltung des Vergangenen nur unter der Bedingung gilt, dass das Organ der Psyche intakt geblieben ist und keine zerstörenden Einwirkungen durch Traumata oder Entzündungen stattgefunden haben. Der Vergleich mit einer Stadt wird als ungeeignet angesehen, da selbst die friedlichste Entwicklung einer Stadt Demolierungen und Ersetzungen von

Bauwerken beinhaltet und daher nicht als passendes Vergleichsobjekt für das Seelenleben dient. Freud gibt zu, dass die Phasen der früheren Entwicklung in einem lebendigen Organismus wie einem tierischen oder menschlichen Körper ebenfalls nicht mehr erhalten sind. Zum Beispiel ist der Embryo im Erwachsenen nicht mehr nachweisbar, und bestimmte Organe und Knochen des Kindes sind im Erwachsenenalter durch andere Strukturen ersetzt worden. Dies zeigt, dass eine solche Erhaltung von Vorstufen neben der Endgestaltung im physischen Organismus nicht möglich ist.

Dennoch argumentiert Freud, dass im Seelenleben die Erhaltung des Vergangenen eher die Regel als die Ausnahme zu sein scheint. Das bedeutet, dass im Psychischen einige alte Erfahrungen und Erinnerungen erhalten bleiben können und nicht notwendigerweise zerstört werden müssen. Es wird eingeräumt, dass manche Erinnerungen vielleicht so weit verwischt oder aufgezehrt werden, dass sie nicht mehr wiederhergestellt und wiederbelebt werden können, oder dass die Erhaltung an bestimmte günstige Bedingungen geknüpft sein könnte. Aber insgesamt bleibt die Erhaltung von Vergangenem im Seelenleben eine plausible Annahme.

Freud räumt ein, dass es schwer ist, sich die Erhaltung des Vergangenen im Seelenleben anschaulich vorzustellen oder zu beweisen. Es wird jedoch betont, dass es eine Möglichkeit ist, die im Gegensatz zu anderen Organismen im Seelischen vorhanden sein kann. Abschließend wird festgehalten, dass die Erhaltung des Vergangenen im Seelenleben als Regel angesehen werden kann, auch wenn nicht alle Details und Bedingungen dazu bekannt sind.

Des Weiteren widmet sich Freud der Frage, ob das "ozeanische" Gefühl, von dem sein Freund gesprochen hat, wirklich als die Quelle der religiösen Bedürfnisse angesehen werden kann. Freud sieht diesen Anspruch nicht als zwingend an. Er argumentiert, dass ein Gefühl nur dann eine Energiequelle sein kann, wenn es selbst der Ausdruck eines starken Bedürfnisses ist. Für die religiösen

Bedürfnisse hält Freud die Ableitung von der infantilen Hilflosigkeit und der daraus resultierenden Vatersehnsucht für unabweisbar. Diese frühen Bedürfnisse bleiben durch die Angst vor der Übermacht des Schicksals aufrechterhalten.

Freud stellt fest, dass das ozeanische Gefühl, das Eins-Sein mit dem All, möglicherweise nachträglich in Beziehung zur Religion geraten ist. Es könnte als eine Art Tröstung oder Ableugnung der Gefahr dienen, die das Ich als von der Außenwelt drohend erkennt. Dennoch gesteht Freud ein, dass es schwer ist, mit solch kaum faßbaren Größen zu arbeiten.

Freud erwähnt einen anderen Freund, der behauptet, dass in den Yogapraktiken neue Empfindungen und Allgemeingefühle durch Abwendung von der Außenwelt, Konzentration auf körperliche Funktionen und besondere Atmung erzeugt werden können. Dieser Freund deutet diese Empfindungen als Regressionen zu uralten Zuständen des Seelenlebens. Er sieht eine physiologische Begründung vieler mystischer Weisheiten darin und weist auf Beziehungen zu Trance und Ekstase hin.

Schließlich endet Freud mit einem Zitat aus dem Schillerschen Taucher, das möglicherweise seinen Zwiespalt in Bezug auf diese komplexen Themen widerspiegelt und zeigt, dass es ihm schwerfällt, definitive Antworten zu geben.

Kapitel 2

Weiterhin reflektiert Freud über seine Schrift "Die Zukunft einer Illusion" und die darin behandelte Thematik des religiösen Gefühls. Er betont, dass es in der Schrift weniger um die tiefsten Quellen des religiösen Gefühls ging, sondern vielmehr um das, was der gewöhnliche Mann unter seiner Religion versteht. Für den gewöhnlichen Mann besteht Religion aus einem System von Lehren und Verheißungen, das ihm die Rätsel dieser Welt erklärt und ihm versichert, dass eine Vorsehung über sein Leben wacht und etwaige Versagungen im Jenseits gutmachen wird. Diese Vorsehung wird vom gewöhnlichen Mann als eine Art großartig erhöhter Vater vorgestellt, der die Bedürfnisse des Menschenkindes kennt und durch Bitten und Reue beeinflusst werden kann.

Freud betrachtet diese Vorstellung als infantil und wirklichkeitsfremd. Er bedauert, dass die große Mehrheit der Menschen sich wahrscheinlich niemals über diese Auffassung des Lebens erheben kann. Er kritisiert auch die Philosophen, die versuchen, den Gott der Religion durch ein unpersönliches, abstraktes Prinzip zu ersetzen, um die Religion zu retten. Für ihn sollte Religion im wahrsten Sinne des Wortes den Namen "Religion" tragen und nicht in abstrakte Konzepte verwandelt werden.

Der Abschnitt endet mit einem Zitat eines großen Dichters und Weisen, das das Verhältnis zwischen Religion, Wissenschaft und Kunst behandelt. Es wird betont, dass wer Wissenschaft und Kunst besitzt, auch Religion habe, und wer diese beiden nicht besitzt, Religion habe. Freud lässt dieses Zitat offenbar als ein Rätsel stehen, ohne eine definitive Schlussfolgerung zu ziehen. Dies könnte darauf hindeuten, dass er die Komplexität des Themas erkennt und keine einfache Antwort darauf hat, wie man Religion und die Rolle der Religion in der Gesellschaft betrachten sollte.

Des Weiteren reflektiert Freud über den Zusammenhang zwischen Religion und dem Zweck des menschlichen Lebens. Zunächst wird der Satz eines Dichters zitiert, der besagt, dass wer Wissenschaft und Kunst besitzt, auch Religion habe, während jemand ohne diese beiden Bereiche Religion habe. Freud versucht, diese Aussage zu verstehen, indem er Religion als ein Mittel betrachtet, das den Menschen hilft, mit den Schwierigkeiten des Lebens umzugehen.

Er erklärt, dass das Leben oft zu schwer für uns ist und uns mit Schmerzen, Enttäuschungen und unlösbaren Aufgaben konfrontiert. Um es zu ertragen, greifen die Menschen zu Linderungsmitteln wie Ablenkungen, Ersatzbefriedigungen und Rauschmitteln. Diese dienen dazu, unser Elend zu mindern oder uns vorübergehend unempfindlich zu machen. Die Ablenkungen können in der wissenschaftlichen Tätigkeit gefunden werden, während die Ersatzbefriedigungen in der Kunst zu finden sind. Die Rolle der Phantasie im Seelenleben spielt dabei eine wichtige Rolle, da Illusionen gegenüber der Realität psychisch wirksam sein können.

Dann widmet sich Freud der Frage nach dem Zweck des menschlichen Lebens, die unzählige Male gestellt wurde, jedoch keine befriedigende Antwort gefunden hat. Manche Menschen verbinden den Wert des Lebens mit einem klaren Zweck, während andere diese Frage ablehnen und glauben, dass sie eine menschliche Überheblichkeit impliziert. Wenn es keinen Zweck gibt, könnte das Leben für einige seinen Wert verlieren. Doch Freud zeigt auf, dass diese Frage nur von der Religion eine klare Antwort erhält. Das religiöse System bietet die Vorstellung eines Lebenszwecks und steht und fällt mit dieser Idee.

Insgesamt deutet der Abschnitt darauf hin, dass Religion als ein Instrument betrachtet wird, das dem Menschen helfen kann, mit den Herausforderungen des Lebens umzugehen und ihm einen Zweck zu geben. Es wird betont, dass die Frage nach dem Lebenszweck mit der religiösen Vorstellung verbunden ist und möglicherweise nicht mit einer klaren Antwort aufwarten kann, wenn man die Religion ausklammert.

Weiterhin beschäftigt sich Freud mit der Frage, was Menschen als den Zweck und die Absicht ihres Lebens erkennen lassen. Die

Antwort ist klar: Menschen streben nach Glück und wollen glücklich sein. Dieses Streben nach Glück hat zwei Seiten: einerseits die Vermeidung von Schmerz und Unlust und andererseits das Erleben intensiver Lustgefühle. Das Lustprinzip, das den Lebenszweck setzt, beherrscht die menschliche Psyche von Anfang an, aber es steht im Widerspruch zur Realität der Welt.

Das Lustprinzip ist in seiner Natur episodisch und kann nur bei der plötzlichen Erfüllung hoch aufgestauter Bedürfnisse als Glück empfunden werden. Eine anhaltende Erfüllung führt nur zu einem Gefühl von lauem Behagen. Somit sind die Glücksmöglichkeiten des Menschen durch seine Konstitution bereits beschränkt. Im Gegensatz dazu ist es weit einfacher, Unglück zu erfahren, da Leiden aus verschiedenen Quellen kommen kann: dem eigenen Körper, der Umwelt mit ihren zerstörerischen Kräften und den Beziehungen zu anderen Menschen.

Freud betont, dass die Absicht, dass der Mensch "glücklich" sei, nicht im Plan der "Schöpfung" enthalten zu sein scheint, da die Welt und die Realität oft dem Lustprinzip entgegenstehen. Obwohl Menschen nach Glück streben, ist das Leben von Leid und Schwierigkeiten geprägt, und das Lustprinzip kann nicht immer erfüllt werden. Trotzdem bleibt das Streben nach Glück ein zentrales Element im menschlichen Leben, auch wenn die Möglichkeit, es dauerhaft zu erreichen, begrenzt ist.

Des Weiteren beschäftigt sich Freud mit der Frage nach dem Zweck und der Absicht des menschlichen Lebens. Die Antwort liegt für ihn klar auf der Hand: Menschen streben nach Glück und wollen glücklich sein. Dieses Streben nach Glück hat zwei Aspekte: einerseits die Vermeidung von Schmerz und Unlust und andererseits das Erleben intensiver Lustgefühle. Das Lustprinzip, das besagt, dass der Mensch bestrebt ist, Lust zu maximieren und Unlust zu minimieren, spielt eine entscheidende Rolle im menschlichen Leben.

Das Lustprinzip beherrscht die menschliche Psyche von Anfang an. Es ist der Motor, der uns dazu antreibt, nach angenehmen Erfahrungen zu suchen und unangenehme zu vermeiden. Es ist ein grundlegender Bestandteil des menschlichen Wesens. Allerdings steht das Lustprinzip in Konflikt mit der Realität der Welt. Die Welt ist nicht immer darauf ausgerichtet, unsere Lust zu befriedigen. Oftmals erleben wir Schmerz, Leid und Enttäuschungen, die dem Lustprinzip entgegenstehen. Das Leben ist komplex und unberechenbar, und die Glücksmöglichkeiten sind durch die Bedingungen der Realität begrenzt.

Das Lustprinzip ist episodisch in seiner Natur. Es kann vorübergehende Momente des Glücks bieten, wenn hoch aufgestaute Bedürfnisse plötzlich erfüllt werden. Doch eine anhaltende Erfüllung von Glück ist schwer zu erreichen. Oftmals führt eine langanhaltende Erfüllung zu einem Gefühl von lauem Behagen, da die Intensität der Lust mit der Zeit abnimmt.

Im Gegensatz dazu ist es einfacher, Unglück zu erfahren. Leiden kann aus verschiedenen Quellen kommen, sei es aus dem eigenen Körper, aus den zerstörerischen Kräften der Umwelt oder aus den Beziehungen zu anderen Menschen. Leid ist ein unvermeidlicher Teil des menschlichen Lebens und steht oft im Kontrast zum Streben nach Glück.

Freud betont, dass die Absicht, dass der Mensch "glücklich" sein soll, anscheinend nicht im Plan der "Schöpfung" enthalten ist. Die Realität der Welt und das menschliche Leben sind komplex und nicht darauf ausgelegt, dem Lustprinzip in vollem Umfang zu entsprechen. Obwohl das Streben nach Glück ein zentrales Element im menschlichen Leben ist, ist die Möglichkeit, es dauerhaft zu erreichen, begrenzt. Dennoch bleibt das Streben nach Glück ein grundlegendes Merkmal des menschlichen Lebens, auch wenn es nicht immer erfüllt werden kann.

Weiterhin beschreibt Freud verschiedene Strategien der Leidabwehr, die durch den komplexen Aufbau unseres seelischen

Apparats ermöglicht werden. Er betont, dass das Streben nach Triebbefriedigung Glück erzeugt, während die Verweigerung der Befriedigung zu schwerem Leiden führen kann. Um einen Teil des Leidens zu vermeiden, greift der Mensch manchmal nicht nur am Empfindungsapparat an, sondern versucht auch, die inneren Quellen der Bedürfnisse zu kontrollieren.

Eine Möglichkeit der Leidabwehr ist es, die Triebe zu unterdrücken oder zu ertöten, wie es in einigen orientalischen Lehren und der Yogapraxis praktiziert wird. Dadurch wird jedoch oft das Leben selbst geopfert, und es wird nur das Glück der Ruhe erreicht. Eine weniger extreme Methode besteht darin, die Triebe zu zügeln und zu kontrollieren, indem höhere psychische Instanzen das Realitätsprinzip akzeptieren. Dadurch kann ein gewisser Schutz vor Leiden erreicht werden, da die Frustration der gezähmten Triebe weniger schmerzhaft empfunden wird als die der ungehemmten. Allerdings geht dies mit einer Einschränkung der Lustmöglichkeiten einher, da das Glücksgefühl bei der Befriedigung wilder, unkontrollierter Triebe intensiver sein kann.

Eine andere Technik der Leidabwehr besteht darin, die Libido oder Lebensenergie in andere Bahnen zu lenken, um die Auswirkungen der äußeren Weltversagung zu minimieren. Dies wird durch Sublimierung der Triebe erreicht, wobei die Lustgewinnung aus psychischer und intellektueller Arbeit gesteigert wird. Die Freude des Künstlers am Schaffen oder des Forschers an der Wahrheitssuche sind Beispiele solcher sublimierter Triebe. Obwohl diese Methode eine besondere Qualität der Befriedigung hervorbringt und eine gewisse Immunität gegenüber dem Schicksal verleiht, ist sie nicht für jeden zugänglich. Sie erfordert spezifische Anlagen und Begabungen und bietet keinen vollständigen Schutz vor Leiden, insbesondere wenn das eigene körperliche Wohlbefinden bedroht ist.

Des Weiteren   setzt sich Freud mit weiteren Strategien der Leidabwehr auseinander, die den Zusammenhang mit der Realität noch mehr lockern. Hierbei wird die Befriedigung aus Illusionen gewonnen, die als solche erkannt werden, aber dennoch genossen werden, ohne sich von ihrer Abweichung von der Realität stören zu lassen. Das Phantasieleben spielt eine wichtige Rolle in dieser Art der Leidabwehr. Besonders hervorgehoben wird der Genuss an Werken der Kunst, der dem Einzelnen als Lustquelle und Lebenserleichterung zugänglich gemacht wird.

Eine andere, energischere Methode ist es, die Realität als den einzigen Feind zu betrachten, die die Quelle allen Leids ist und mit der man deshalb alle Beziehungen abbrechen muss, um in irgendeinem Sinne glücklich zu sein. Einige Menschen nehmen diese Strategie extrem an und kehren dieser Welt den Rücken, um sich von ihr zu isolieren. Andere versuchen, die Wirklichkeit zu verändern, indem sie eine andere Welt aufbauen, in der die unangenehmen Aspekte der Realität durch ihre eigenen Wünsche ersetzt sind. Diese Vorgehensweise führt in der Regel nicht zum Erfolg, da die Realität zu mächtig ist. Es kann zu einer Art Wahnsinn führen, in dem der Einzelne seine Vorstellungen gewaltsam durchsetzt und keine Unterstützer findet. Freud erwähnt, dass jeder Mensch in gewisser Weise ähnlich wie ein Paranoiker handelt, indem er unangenehme Aspekte der Welt durch Wunschvorstellungen korrigiert und diese Wahnvorstellungen als Realität betrachtet. Ein interessanter Fall ist der Massenwahn, bei dem eine größere Gruppe von Menschen gemeinsam versucht, sich Glück und Schutz vor Leiden durch wahnhafte Umgestaltung der Realität zu schaffen. Hier zieht Freud Parallelen zu den Religionen der Menschheit und bezeichnet sie als Massenwahn, wobei er darauf hinweist, dass diejenigen, die diesen Wahn teilen, ihn meist nicht als solchen erkennen.

Weiterhin reflektiert Freud über weitere Methoden, die Menschen anwenden, um Glück zu gewinnen und Leiden fernzuhalten. Er stellt fest, dass die bisherige Aufzählung nicht vollständig ist und es andere Ansätze geben kann. Dann erwähnt er eine besondere Technik der Lebenskunst, die er zuvor noch nicht erwähnt hat, aber die in einem anderen Zusammenhang noch behandelt werden soll.

Diese Technik der Lebenskunst strebt ebenfalls nach Unabhängigkeit vom Schicksal, verlegt die Befriedigung jedoch in innere seelische Vorgänge und nutzt die Verschiebbarkeit der Libido, um Glück aus einer Gefühlsbeziehung zu den Objekten der Außenwelt zu gewinnen. Im Gegensatz zu anderen Methoden, die sich von der Außenwelt abwenden oder sich auf die Vermeidung von Unlust konzentrieren, beharrt diese Technik auf dem leidenschaftlichen Streben nach positiver Glückserfüllung. Sie nimmt die Liebe als Mittelpunkt und erwartet alle Befriedigung aus dem Lieben und Geliebtwerden.

Die Liebe, insbesondere die geschlechtliche Liebe, dient dabei als Vorbild für das Streben nach Glück. Die Technik beruht auf der Erfahrung der überwältigenden Lustempfindung, die durch die Liebe vermittelt wird. Es ist natürlich, dass wir weiterhin das Glück auf demselben Weg suchen, auf dem wir es zuerst erlebt haben.

Allerdings weist Freud darauf hin, dass diese Lebenskunst ihre Schwachpunkte hat. Wenn wir lieben, sind wir besonders ungeschützt gegenüber dem Leiden, vor allem wenn wir das geliebte Objekt verlieren oder dessen Liebe nicht erwidert wird. Dennoch betont Freud, dass die auf den Glückswert der Liebe gegründete Lebenskunst noch nicht erledigt ist. Es gibt noch viel mehr zu sagen und zu untersuchen. Offenbar wird in einem weiteren Abschnitt dieser Technik der Lebenskunst und der Rolle der Liebe im menschlichen Streben nach Glück weiter nachgegangen.

Des Weiteren beschäftigt sich Freud mit dem interessanten Fall, dass das Lebensglück hauptsächlich im Genuss der Schönheit gesucht wird, wo immer sie sich unseren Sinnen und unserem Urteil zeigt. Dabei kann es sich um die Schönheit menschlicher Formen und Gesten, von Naturobjekten und Landschaften, künstlerischen Werken oder sogar wissenschaftlichen Schöpfungen handeln. Diese ästhetische Einstellung zum Lebensziel bietet zwar wenig Schutz vor drohenden Leiden, vermag aber für vieles zu entschädigen.

Der Genuss an der Schönheit hat einen besonderen, mild berauschenden Charakter. Obwohl der Nutzen der Schönheit nicht klar ersichtlich ist und ihre kulturelle Notwendigkeit nicht eindeutig erklärt werden kann, scheint sie dennoch unverzichtbar für die Kultur zu sein. Die Wissenschaft der Ästhetik untersucht die Bedingungen, unter denen das Schöne empfunden wird, kann jedoch keine definitive Erklärung für die Natur und Herkunft der Schönheit liefern.

Die Psychoanalyse bietet ebenfalls wenig Aufschluss über die Schönheit. Einzig die Ableitung aus dem Gebiet des Sexualempfindens scheint gesichert zu sein. Die Begriffe "Schönheit" und "Reiz" sind ursprünglich Eigenschaften des Sexualobjekts. Interessanterweise werden die Genitalien selbst, obwohl ihr Anblick erregend wirkt, fast nie als "schön" beurteilt. Stattdessen scheint der Charakter der Schönheit an bestimmten sekundären Geschlechtsmerkmalen zu haften.

Obwohl die Psychoanalyse keine erschöpfende Erklärung für die Schönheit bietet, bleibt der Genuss an ästhetischen Erfahrungen eine bedeutende Quelle des Lebensglücks für viele Menschen. Die Fähigkeit, Schönheit wahrzunehmen und zu schätzen, kann eine kraftvolle Form der Lebenskunst sein, die das Leben bereichert und Freude vermittelt, selbst wenn sie keine vollständige Abwehr gegen Leiden darstellt.

Freud zieht trotz der Unvollständigkeit seiner Untersuchung einige abschließende Schlussfolgerungen. Das Programm des Lustprinzips, glücklich zu werden, ist nicht vollständig umsetzbar, aber dennoch sollte man die Bemühungen, es näher zu bringen, nicht aufgeben. Es gibt verschiedene Wege, diesem Ziel zu folgen, entweder indem man den positiven Inhalt des Ziels, den Lustgewinn, oder den negativen Aspekt, die Vermeidung von Unlust, betont. Auf keinem dieser Wege können wir jedoch alles erreichen, was wir begehren.

Das individuelle Glück in einem reduzierten Sinne, wie es als möglich erkannt wird, ist ein Problem der individuellen Libidoökonomie. Jeder Mensch muss selbst herausfinden, auf welche Weise er Glück finden kann. Dabei spielen zahlreiche Faktoren eine Rolle, einschließlich der realen Befriedigung, die von der Außenwelt zu erwarten ist, und der Fähigkeit, sich von ihr unabhängig zu machen. Die psychische Konstitution des Individuums ist ebenfalls entscheidend. Je nach Charaktertyp und Begabung werden Menschen die Gefühlsbeziehungen zu anderen Personen priorisieren, ihre Befriedigung in inneren seelischen Vorgängen suchen oder sich an der Herausforderung der äußeren Welt erproben.

Extreme Entscheidungen können das Individuum den Gefahren aussetzen, die mit einer einseitigen Lebenskunst einhergehen. Es wird geraten, nicht alle Befriedigung von einer einzigen Quelle zu erwarten, sondern verschiedene Aspekte des Lebens zu berücksichtigen. Der Erfolg in der Glückssuche ist niemals garantiert und hängt von vielen Faktoren ab, darunter die Fähigkeit der psychischen Konstitution, sich an die Umwelt anzupassen und Lustgewinn daraus zu ziehen.

Freud weist darauf hin, dass Menschen mit einer ungünstigen Triebkonstitution und unvollständigen Neuordnung ihrer Libido in späteren Lebensphasen Schwierigkeiten haben könnten, Glück aus ihrer äußeren Situation zu gewinnen, insbesondere wenn sie vor schwierigere Aufgaben gestellt werden. Für einige Menschen bietet sich als Ersatzbefriedigung die Flucht in neurotische Krankheiten an, die oft schon in jungen Jahren beginnt. Andere mögen Trost im Lustgewinn der chronischen Intoxikation finden oder den verzweifelten Versuch einer Psychose unternehmen, um dem Scheitern ihrer Bemühungen um Glück zu entkommen. Die Suche nach Glück bleibt ein komplexes Unterfangen, das von vielen individuellen und äußeren Faktoren beeinflusst wird, und es gibt keine pauschale Lösung für alle.

Weiterhin wird die Rolle der Religion in Bezug auf das Streben nach Glück und die Vermeidung von Leiden diskutiert. Die Religion beeinflusst diese Bemühungen, indem sie allen Gläubigen denselben Weg zum Glückserwerb und Leidensschutz aufzwingt. Ihre Technik besteht darin, den Wert des Lebens herabzudrücken und das Bild der realen Welt wahnhaft zu verzerren. Dies erfordert oft eine Einschüchterung der Intelligenz, um die Gläubigen dazu zu bringen, an den religiösen Lehren festzuhalten. Durch die Fixierung eines psychischen Infantilismus und die Einbeziehung in einen Massenwahn kann die Religion vielen Menschen individuelle Neurosen ersparen. Sie verspricht eine gewisse Form des Glücks und Schutzes vor Leiden, aber sie kann diese Versprechen letztlich nicht erfüllen.

Die Religion zwingt die Gläubigen oft dazu, den Wert des irdischen Lebens zu relativieren und sich auf ein Leben nach dem Tod zu konzentrieren. Dieser Glaube kann als eine letzte Trostmöglichkeit und Lustquelle in Zeiten des Leidens dienen. Doch letztendlich erfordert die Religion bedingungslose Unterwerfung unter Gottes "unerforschlichen Ratschluß". Es wird angemerkt, dass es viele Wege gibt, die zu Glück führen können, aber keiner von ihnen bietet eine sichere Methode, um dorthin zu gelangen. Die Religion kann in dieser Hinsicht auch keine Gewähr bieten. Der Gläubige, der sich schließlich der bedingungslosen Unterwerfung hingibt, könnte sich möglicherweise den Umweg und die Einschränkungen, die die Religion mit sich bringt, ersparen. Die Ausrichtung auf die Religion als einzigen Weg zum Glück kann somit in gewisser Weise die individuelle Entfaltung und die Vielfalt der Lebenswege einschränken.

Kapitel 3

Des Weiteren wird die Frage nach dem Glück und der Schwierigkeit, glücklich zu werden, weiter untersucht. Es wird festgestellt, dass es drei Hauptquellen des Leidens gibt: die Übermacht der Natur, die Vergänglichkeit unseres Körpers und die Mängel in den sozialen Einrichtungen, die die menschlichen Beziehungen regeln. Bei den beiden ersten Quellen des Leidens, der Natur und der Vergänglichkeit unseres Körpers, wird anerkannt, dass wir diese Faktoren nicht vollständig kontrollieren können und dass es notwendig ist, uns dem Unvermeidlichen zu ergeben. Allerdings wird betont, dass wir dennoch in der Lage sind, manches Leiden zu mildern und unsere Situation zu verbessern.

Bei der dritten Quelle des Leidens, den sozialen Einrichtungen, verhält es sich anders. Hier wird die Frage aufgeworfen, warum die von Menschen geschaffenen Strukturen und Institutionen nicht zum Schutz und zur Wohltat für alle dienen. Es wird die Vermutung geäußert, dass unsere eigene kulturelle Entwicklung möglicherweise einen Teil der Verantwortung für unser Elend trägt. Dies führt zu einer erstaunlichen Behauptung, nämlich dass ein großer Teil des Leidens auf unsere sogenannte Kultur zurückzuführen ist und dass wir möglicherweise glücklicher wären, wenn wir zu primitiveren Verhältnissen zurückkehren würden.

Die Idee, dass die moderne Kultur einen Teil der Schuld an unserem Elend trägt, wird jedoch kritisch betrachtet, da die kulturellen Errungenschaften und Maßnahmen oft dazu dienen, uns vor den Quellen des Leidens zu schützen. Es wird darauf hingewiesen, dass viele unserer Bemühungen, uns vor den Herausforderungen der Natur und der sozialen Umstände zu schützen, genau der Kultur zugeschrieben werden können. Daher wird die Behauptung, dass die Kultur schuld an unserem Leiden sei und dass eine Rückkehr zu primitiven Verhältnissen uns glücklicher machen würde, als erstaunlich und möglicherweise nicht gut durchdacht angesehen. Es bleibt die Frage offen, ob tatsächlich unsere kulturelle Entwicklung oder andere Faktoren für unser Glück oder Leiden verantwortlich sind.

Weiterhin wird die Frage aufgeworfen, wie es dazu gekommen ist, dass so viele Menschen einen befremdlichen Standpunkt der Kulturfeindlichkeit einnehmen. Es wird angenommen, dass eine tiefe und lang anhaltende Unzufriedenheit mit dem bestehenden Kulturzustand den Nährboden für eine Verurteilung bestimmter Aspekte der Kultur bildet, die sich in bestimmten historischen Ereignissen manifestiert hat.

Als einen der Anlässe für diese kulturfeindliche Einstellung wird der Sieg des Christentums über die heidnischen Religionen genannt. Die christliche Lehre hat das irdische Leben entwertet und könnte somit eine Rolle bei der Entstehung dieser Haltung gespielt haben.

Ein weiterer Anlass war die Begegnung mit primitiven Völkern und Stämmen während der Entdeckungsreisen. Die Europäer neigten dazu, diese Kulturen als einfache, bedürfnisarme und glückliche Lebensweisen wahrzunehmen, die den vermeintlich überlegenen Kulturen unerreichbar schienen. Spätere Erfahrungen haben jedoch gezeigt, dass viele dieser Beurteilungen ungenau waren und auf Missverständnissen beruhten.

Ein dritter Anlass war das Verständnis des Mechanismus der Neurosen, die das Glück des modernen Kulturmenschen bedrohen. Es wurde erkannt, dass Menschen neurotisch werden können, weil sie das Maß an Verzicht und Einschränkung, das ihnen die Gesellschaft im Namen ihrer kulturellen Ideale auferlegt, nicht ertragen können. Daraus wurde abgeleitet, dass eine Rückkehr zu Glücksmöglichkeiten eine Aufhebung oder Verringerung dieser kulturellen Anforderungen bedeuten könnte.

Insgesamt wird betont, dass die kulturfeindliche Einstellung oft aus einem tief verwurzelten Unbehagen mit der aktuellen Kultur und den damit verbundenen Herausforderungen resultiert. Die Frage, ob eine Rückkehr zu vermeintlich einfacheren Lebensweisen tatsächlich zu mehr Glück führen würde, bleibt jedoch offen und umstritten.

Der Abschnitt behandelt die Enttäuschung der Menschen angesichts der technologischen und wissenschaftlichen Fortschritte, die sie gemacht haben. Obwohl die Menschheit enorme Fortschritte in der Beherrschung der Natur und der Technologie gemacht hat, haben diese Errungenschaften nicht zu einem deutlichen Anstieg des Glücksempfindens geführt. Die Menschen stellen fest, dass die Macht über die Natur nicht das alleinige Mittel ist, um Glück zu erlangen, und dass technologische Fortschritte allein nicht ausreichen, um ihre Glücksökonomie zu verbessern.

Es wird darauf hingewiesen, dass einige der technologischen Errungenschaften zweifellos positive Auswirkungen auf das Leben haben, wie die Möglichkeit, mit entfernt lebenden Kindern oder Freunden zu kommunizieren, die Verringerung der Kindersterblichkeit und eine längere Lebenserwartung. Dennoch wird betont, dass viele dieser Verbesserungen als "billiges Vergnügen" angesehen werden können, da sie den Menschen Bequemlichkeiten und Komfort bieten, die sie zuvor nicht kannten, aber keinen tiefgreifenden Einfluss auf ihr Glücksempfinden haben.

Es wird argumentiert, dass einige der Fortschritte auch negative Auswirkungen haben. Zum Beispiel wird auf die Verringerung der Kindersterblichkeit hingewiesen, die zu einer Einschränkung der Kinderzeugung führen kann und das Sexualleben in der Ehe komplizierter macht. Auch ein längeres Leben wird hinterfragt, da es oft von Beschwerden und Leiden begleitet sein kann, die das Leben nicht unbedingt glücklicher machen.

Des Weiteren wird die Schwierigkeit beleuchtet, eine objektive Einschätzung darüber zu treffen, ob die Menschen in früheren Zeiten glücklicher waren und welchen Einfluss ihre kulturellen Bedingungen darauf hatten. Der Text weist darauf hin, dass es schwierig ist, sich in die emotionalen Zustände und

Empfindlichkeiten vergangener Zeiten einzufühlen und zu verstehen, wie sich Menschen in extremen Leidenssituationen möglicherweise an ihre Umstände angepasst haben.

Der Fokus liegt darauf, dass Glück ein höchst subjektives Erleben ist und dass es unmöglich ist, objektiv zu beurteilen, wie glücklich Menschen in verschiedenen historischen Kontexten tatsächlich waren. Die Betrachtung der Situationen anderer Menschen kann durch unsere eigenen Vorstellungen und Empfindlichkeiten stark beeinflusst werden. Der Text weist darauf hin, dass sich in extremen Leidenssituationen bestimmte psychische Schutzmechanismen aktivieren, was es noch schwieriger macht, die Erfahrungen anderer Menschen angemessen nachzuvollziehen.

Der Text argumentiert, dass es an der Zeit ist, sich mit dem Wesen der Kultur zu beschäftigen, die als Quelle des Zweifels an ihrem Glückswert angesehen wird. "Kultur" umfasst hier die gesamte Summe der menschlichen Leistungen und Einrichtungen, die das menschliche Leben von dem unserer tierischen Vorfahren unterscheiden und dazu dienen, den Menschen vor den Kräften der Natur zu schützen und die Beziehungen zwischen den Menschen zu regeln.

Das Ziel ist es, die Merkmale der Kultur im Detail zu untersuchen, wie sie sich in menschlichen Gemeinschaften zeigen. Dabei wird betont, dass das Verständnis der Kultur durch den Sprachgebrauch und das Sprachgefühl geleitet wird, da sich einige innere Einsichten möglicherweise schwer in abstrakten Worten ausdrücken lassen.

Weiterhin wird die Bedeutung und Entwicklung der menschlichen Kultur betrachtet. Die kulturellen Tätigkeiten und Werte werden als nützlich anerkannt, da sie dem Menschen helfen, die Erde nutzbar zu machen und ihn vor den Gewalten der Natur zu schützen.

Es wird betont, dass die frühesten kulturellen Handlungen den Gebrauch von Werkzeugen, die Zähmung des Feuers und den Bau von Wohnstätten umfassten. Die Zähmung des Feuers wird als außergewöhnliche Leistung hervorgehoben, die den Menschen von anderen Lebewesen abhebt. Mit der Entwicklung von Werkzeugen und Technologien verbessert der Mensch seine körperlichen Fähigkeiten, sei es motorisch oder sensorisch. Er nutzt riesige Kräfte, um sich in beliebige Richtungen zu bewegen, sei es auf dem Land, im Wasser oder in der Luft.

Die Erfindung von Brillen, Fernrohren und Mikroskopen ermöglicht es ihm, die Grenzen seiner natürlichen Wahrnehmung zu überwinden und entfernte Objekte zu sehen oder winzige Details zu erkennen. Die Entwicklung der photographischen Kamera und der Grammophonplatte spiegelt das menschliche Vermögen der Erinnerung wider und ermöglicht es, flüchtige Seh- und Schalleindrücke festzuhalten und wiederzugeben.

Das Telefon erlaubt es ihm, aus großen Entfernungen zu hören, und die Schrift dient als Medium für die Kommunikation mit Abwesenden. Die Wohnstätte wird als Ersatz für den Mutterleib betrachtet, der ursprüngliche sichere und wohlige Ort.

Des Weiteren wird die erstaunliche Entwicklung der menschlichen Kultur und Technologie betrachtet, die es dem Menschen ermöglicht hat, sich fast wie ein Gott zu fühlen und viele seiner einst unerreichbaren Wünsche zu erfüllen. Früher hatte der Mensch seine Ideale von Allmacht und Allwissenheit in seinen Göttern verkörpert, die als Kulturideale galten und als Verkörperung dessen dienten, was für die Menschen unerreichbar oder verboten schien.

Durch Fortschritte in Wissenschaft und Technik hat der Mensch seine Fähigkeiten und Möglichkeiten enorm erweitert und ist zu einer Art "Prothesengott" geworden. Wenn er alle seine Hilfsorgane - also Werkzeuge und Technologien - einsetzt, kann er großartige Dinge erreichen. Er nähert sich seinem Ideal von Allmacht und Allwissenheit an, doch es gibt auch Einschränkungen und Herausforderungen. Die Hilfsorgane sind nicht vollständig mit ihm verbunden und verursachen gelegentlich Probleme.

Es wird betont, dass die Entwicklung der Kultur und Technologie nicht mit dem Jahr 1930 abgeschlossen ist und dass es in der Zukunft noch weitere unvorstellbar große Fortschritte geben wird, die die Gottähnlichkeit des Menschen weiter steigern könnten.

Trotz all dieser Errungenschaften fühlt sich der moderne Mensch nicht glücklich in seiner "Gottähnlichkeit". Hier wird angesprochen, dass die Fülle an Kultur und Technologie nicht automatisch zu Glück und Zufriedenheit führt. Obwohl der Mensch beinahe wie ein Gott geworden ist und viele seiner einstigen Idealvorstellungen erfüllen kann, besteht weiterhin Unzufriedenheit und das Streben nach Glück.

Weiterhin wird die Bedeutung von Kultur näher betrachtet und wie sie sich in verschiedenen Aspekten des menschlichen Lebens manifestiert. Die Kulturhöhe eines Landes wird daran gemessen, wie gut es den Menschen gelingt, die Erde zu nutzen und vor den Naturkräften zu schützen. Dies umfasst die Regulierung von Flüssen, die landwirtschaftliche Bewirtschaftung, die Förderung von mineralischen Ressourcen und die Entwicklung von zuverlässigen Verkehrsmitteln.

Es wird betont, dass Kultur nicht nur mit Nützlichkeit und Zweckmäßigkeit zu tun hat, sondern auch mit der Wertschätzung von Schönheit. Die Verehrung und Schaffung von Schönheit sind wichtige kulturelle Merkmale. Sauberkeit und Ordnung werden ebenfalls als Zeichen von Kultur betrachtet. Schmutz und Unordnung werden als kulturell unvereinbar angesehen, und die Forderung nach Reinlichkeit und Ordnung gilt sowohl für die Umgebung als auch für den menschlichen Körper.

Die Ordnung wird als eine Art Wiederholungszwang beschrieben, der dem Menschen hilft, seine Zeit und seinen Raum effizient zu nutzen und seine psychischen Kräfte zu schonen. Es wird jedoch darauf hingewiesen, dass der Mensch von Natur aus oft nachlässig, unregelmäßig und unzuverlässig in seiner Arbeit ist und dass die Einführung von Ordnung eine bewusste Erziehung erfordert.

Des Weiteren wird die Bedeutung von Schönheit, Reinlichkeit und Ordnung in der Kultur betont. Obwohl sie nicht lebensnotwendig sind wie die Beherrschung der Naturkräfte, werden sie dennoch als wichtige Aspekte der Kultur betrachtet und nicht als bloße Nebensächlichkeiten abgetan. Schönheit wird als ein Interesse der Kultur betrachtet, das über den reinen Nutzen hinausgeht. Die Bedeutung von Ordnung und Reinlichkeit wird nicht nur aus praktischer Sicht, sondern auch im Zusammenhang mit der Hygiene betrachtet.

Ein weiterer entscheidender Aspekt der Kultur ist die Schätzung und Pflege der höheren psychischen Tätigkeiten, wie intellektuelle, wissenschaftliche und künstlerische Leistungen. Ideen spielen eine führende Rolle im Leben der Menschen, angefangen bei religiösen Systemen über philosophische Spekulationen bis hin zu Vorstellungen von individueller, kollektiver und menschlicher Vollkommenheit. Diese Schöpfungen sind eng miteinander verbunden und ihre psychologische Ableitung gestaltet sich komplex.

Es wird angenommen, dass das Streben nach Nutzen und Lustgewinn die Triebfeder aller menschlichen Tätigkeiten ist, einschließlich der hier genannten kulturellen Äußerungen. Dabei wird betont, dass diese kulturellen Ausdrucksformen den starken Bedürfnissen der Menschen entsprechen, möglicherweise solchen, die nur bei einigen wenigen entwickelt sind. Es wird auch darauf hingewiesen, dass die Existenz und Vorherrschaft religiöser, philosophischer Systeme und Ideale unabhängig von Werturteilen einen Hochstand der Kultur bedeuten.

Der abschließende Charakterzug einer Kultur, der weiterhin beleuchtet wird, betrifft die sozialen Beziehungen der Menschen zueinander. Die Art und Weise, wie diese Beziehungen reguliert sind, spielt eine entscheidende Rolle für das Funktionieren einer Gesellschaft. Ohne eine gewisse Form der sozialen Ordnung wären die Beziehungen den individuellen Trieben und der Willkür des Einzelnen ausgeliefert, was zu Konflikten und Instabilität führen würde. Daher ist die Ersetzung der Macht des Einzelnen durch die Macht der Gemeinschaft ein entscheidender kultureller Schritt. Dieser Prozess der Ordnung und Regulierung sozialer Beziehungen wird als Weg zur Gerechtigkeit bezeichnet, um sicherzustellen, dass die Rechtsordnung für alle Mitglieder der Gemeinschaft gleichermaßen gilt und nicht zugunsten Einzelner gebrochen wird.

Die individuelle Freiheit hingegen ist kein inhärenter Bestandteil der Kultur, da sie vor der Entwicklung von sozialen Strukturen am größten war, aber auch wenig Wert hatte, da das Individuum damals kaum in der Lage war, sie zu verteidigen. Durch die Kulturentwicklung erfährt die individuelle Freiheit jedoch Einschränkungen, um das Funktionieren der Gemeinschaft zu gewährleisten. Dabei wird betont, dass der Drang nach Freiheit sowohl eine Quelle für Fortschritt und positive kulturelle Entwicklung sein kann, indem er sich gegen bestehende Ungerechtigkeiten richtet, aber auch eine Quelle für Kulturfeindseligkeit werden kann, wenn er sich gegen Kultur im Allgemeinen wendet.

Das Ringen der Menschheit liegt daher in der Suche nach einem angemessenen Ausgleich zwischen individuellen Freiheitsansprüchen und den Anforderungen der kulturellen Gemeinschaft. Es wird als ein Schicksalsproblem der Menschheit betrachtet, ob dieser Ausgleich durch eine bestimmte Gestaltung der Kultur erreicht werden kann oder ob der Konflikt zwischen individueller Freiheit und den Anforderungen der Kultur unversöhnlich ist.

Die vorliegende Abschnitt der Schrift beschäftigt sich mit der Kulturentwicklung und betrachtet sie als einen eigenartigen Prozess, der Parallelen zur individuellen Libidoentwicklung aufweist. Die Entwicklung der Kultur verändert die menschlichen Triebanlagen und transformiert einige dieser Triebe in Charaktereigenschaften oder führt zur Sublimierung ihrer Ziele.

Ein bemerkenswertes Beispiel dieses Vorgangs ist die Analerotik des jugendlichen Menschen, die sich im Lauf des Wachstums in Eigenschaften wie Sparsamkeit, Ordnungssinn und Reinlichkeit umwandelt. Ähnlich verhält es sich mit anderen Trieben, die sich durch Sublimierung in höhere psychische Tätigkeiten verwandeln, wie wissenschaftliche, künstlerische und ideologische Aktivitäten.

Ein weiterer wichtiger Aspekt der Kulturentwicklung ist der Triebverzicht oder die "Kulturversagung", bei der die Nichtbefriedigung mächtiger Triebe eine entscheidende Rolle spielt. Diese "Kulturversagung" ist stark mit den sozialen Beziehungen der Menschen verbunden und kann Feindseligkeit hervorrufen, gegen die alle Kulturen kämpfen müssen. Die Unterdrückung oder Verdrängung von Trieben ist ein komplexer Prozess, der in der Kultur eine wesentliche Rolle spielt und eine sorgfältige ökonomische Kompensation erfordert, um ernsthafte Störungen zu vermeiden.

Es wird betont, dass die Kulturentwicklung als ein besonderer Prozess betrachtet werden kann, der mit der normalen Reifung des Individuums vergleichbar ist. Die Frage nach den Ursprüngen und Einflüssen der Kulturentwicklung wird jedoch als entscheidend angesehen, um den Wert dieser Auffassung zu bestimmen und die Entstehung und den Verlauf der Kulturentwicklung zu verstehen. Dabei wird deutlich, dass die Kulturentwicklung eng mit der Transformation menschlicher Triebe und der Bewältigung von Triebverzicht verbunden ist.

Kapitel 4

Des Weiteren der Schrift wird die Entstehung und Entwicklung der Kultur aus einer sozialen Perspektive untersucht. Der Urmensch erkannte, dass er sein Leben durch Arbeit verbessern konnte und dass Zusammenarbeit mit anderen Menschen von Nutzen war. Dies führte zur Bildung von Familien, da das Bedürfnis nach genitaler Befriedigung langfristiger wurde und das Zusammenbleiben mit Sexualpartnern in den Familien von Vorteil war, besonders für die Versorgung der hilflosen Jungen.

Ein weiterer Aspekt, der als kultureller Faktor betrachtet wird, ist der Drang nach Reinlichkeit. Die Anziehungskraft der Exkremente, die in der Kindheit noch keine Abscheu hervorruft, wird durch Erziehung in den kulturellen Werten umgeformt. Dieser Prozess der "organischen Verdrängung" hat den Weg zur Kultur geebnet. Zudem beeinflusst der soziale Faktor die Entwicklung der Analerotik weiter. Der Geruch der eigenen Exkremente wird nicht als anstößig empfunden, aber der Geruch von Ausscheidungen anderer Menschen wird als beleidigend und unrein wahrgenommen. Dies verdeutlicht den sozialen Aspekt, da das Zeigen von Rücksichtnahme für andere Menschen eine wichtige Rolle in der Kultur spielt.

Es wird auch auf die Sprache und die Verwendung von Beschimpfungen eingegangen, die die sozialen Normen und die Verachtung für bestimmte Verhaltensweisen widerspiegeln. So wird der Hund als Beispiel genommen, da er als "Geruchstier" gilt und keine Scham in Bezug auf seine sexuellen Funktionen zeigt. Dies verdeutlicht die kulturelle Prägung von Verhaltensweisen und Normen in Bezug auf Reinlichkeit und sexuelles Verhalten.

Weiterhin wird die Entwicklung der Kultur von der primitiven Familie zur Bildung von Brüderbünden untersucht. In der primitiven Familie war die Willkür des Vaters unbeschränkt. Doch die Söhne erkannten, dass sie durch Zusammenarbeit stärker sein konnten als der Einzelne. Dies führte zur Überwältigung des Vaters und zur

Bildung von Brüderbünden. Die totemistische Kultur entstand, indem die Mitglieder dieser Brüderbünde sich gegenseitig Einschränkungen auferlegten und erste Tabuvorschriften als "Recht" einführten. Das Zusammenleben in Gemeinschaften wurde somit durch die Zwänge der Arbeit und die Macht der Liebe ermöglicht. Eros und Ananke (Liebe und Notwendigkeit) wurden zu den Eltern der menschlichen Kultur.

Die erste Errungenschaft der Kultur war die Möglichkeit, dass eine größere Anzahl von Menschen in Gemeinschaft bleiben konnte. Man könnte erwarten, dass sich die Kultur durch die Zusammenarbeit von Eros und Ananke reibungslos weiterentwickeln und zu einer besseren Beherrschung der äußeren Welt und einer Ausdehnung der Gemeinschaft führen würde. Dies sollte eigentlich beglückend wirken.

Bevor jedoch untersucht wird, wie Störungen entstehen können, wird die Anerkennung der Liebe als Grundlage der Kultur genutzt, um eine Lücke in früheren Erörterungen zu schließen. Es wird darauf hingewiesen, dass die geschlechtliche Liebe dem Menschen die stärksten Befriedigungserlebnisse bietet und daher als Vorbild für Glück betrachtet werden könnte. Dennoch warnten Weise aller Zeiten davor, sich zu sehr von einem bestimmten Liebesobjekt abhängig zu machen, da dies zu starkem Leiden führen könnte, wenn man dieses Objekt verliert oder es einem untreu wird. Obwohl viele Menschen diese Warnungen nicht immer befolgen, bleibt die geschlechtliche Liebe eine mächtige Anziehungskraft im Leben vieler Menschen.

Des Weiteren werden verschiedene Formen der Liebe und ihre Beziehung zur Kultur diskutiert. Einige Menschen haben aufgrund ihrer Konstitution die Fähigkeit, Glück durch Liebe zu finden, jedoch erfordert dies umfangreiche Veränderungen in der Liebesfunktion. Diese Menschen verschieben den Fokus von der Geliebtwerden auf das eigene Lieben, so dass sie nicht mehr von der Zustimmung des Objekts abhängig sind. Sie richten ihre Liebe nicht auf bestimmte Individuen, sondern gleichermaßen auf alle Menschen, um sich vor

Verlusten zu schützen. Indem sie den Trieb von seinem Sexualziel ablenken, erreichen sie einen Zustand des gleichschwebenden, unbeirrbaren, zärtlichen Empfindens, der sich stark von der stürmischen, genitalen Liebeserfahrung unterscheidet. Dieser Zustand kann als Technik zur Erfüllung des Lustprinzips betrachtet werden und hat auch Verbindungen zur Religion, insbesondere in Kulturen, in denen die Unterscheidung zwischen dem Selbst und den Objekten vernachlässigt wird.

Ein ethischer Standpunkt sieht in der Bereitschaft zur allgemeinen Menschen- und Weltliebe die höchste Einstellung, zu der sich der Mensch erheben kann. Es gibt jedoch Bedenken gegenüber einer Liebe, die nicht auswählt, da nicht alle Menschen liebenswert sind.

Die Liebe, die die Familie gründete, bleibt in ihrer ursprünglichen Form wirksam, in der sie direkte sexuelle Befriedigung beinhaltet, sowie in ihrer modifizierten Form als zielgehemmte Zärtlichkeit in der Kultur. Beide Formen der Liebe binden eine größere Anzahl von Menschen enger aneinander als es durch das Interesse an der Arbeitsgemeinschaft möglich wäre. Die Verwendung des Begriffs "Liebe" für verschiedene Beziehungen, wie die zwischen Mann und Frau in einer Familie und die positiven Gefühle zwischen Eltern und Kindern oder Geschwistern, wird genetisch gerechtfertigt. Die zielgehemmte Liebe war ursprünglich eine vollsinnliche Liebe und bleibt es im Unbewussten des Menschen.

Sowohl die vollsinnliche als auch die zielgehemmte Liebe wirken über die Familie hinaus und schaffen neue Bindungen zu Fremden. Die genitale Liebe führt zu neuen Familienbildungen, während die zielgehemmte Liebe zu "Freundschaften" führt, die kulturell wichtig werden, da sie gewisse Beschränkungen der genitalen Liebe, wie deren Ausschließlichkeit, umgehen können. Das Verhältnis der Liebe zur Kultur ist jedoch nicht eindeutig. Einerseits widersetzt sich die Liebe den Interessen der Kultur, andererseits bedroht die Kultur die Liebe mit empfindlichen Einschränkungen. Es entsteht eine komplexe Beziehung zwischen Liebe und Kultur, die durch das Wechselspiel von Anziehung und Abstoßung geprägt ist.

Weiterhin wird die Entzweiung zwischen der Familie und der größeren Gesellschaft als eine unvermeidliche Konfliktsituation beschrieben. Die Kultur strebt danach, die Menschen zu großen Einheiten zusammenzuführen, während die Familie das Individuum nicht freigeben möchte und zu einem starken Zusammenhalt neigt, der den Eintritt in den größeren Lebenskreis erschwert. Die Ablösung von der Familie wird zu einer wichtigen Aufgabe für Jugendliche, die oft durch Pubertäts- und Aufnahmeriten unterstützt wird.

Ein weiterer Gegensatz zur Kulturströmung entsteht durch die Rolle der Frauen. Obwohl sie anfangs durch die Forderungen ihrer Liebe das Fundament der Kultur gelegt hatten, vertreten sie später vermehrt die Interessen der Familie und des Sexuallebens. Die Kulturarbeit ist zunehmend Männersache geworden und stellt ihnen immer komplexere Aufgaben, die oft Triebsublimierungen erfordern, denen Frauen weniger gewachsen sind. Da der Mensch über begrenzte psychische Energie verfügt, muss er seine Aufgaben durch eine angemessene Verteilung der Libido bewältigen. Was er für kulturelle Zwecke verbraucht, entzieht er größtenteils den Frauen und dem Sexualleben, was zu einer Entfremdung von ihren Rollen als Ehefrauen und Mütter führen kann. Aufgrund der Ansprüche der Kultur fühlen sich Frauen oft in den Hintergrund gedrängt und entwickeln ein feindliches Verhältnis zur Kultur.

Des Weiteren wird die Tendenz der Kultur zur Einschränkung des Sexuallebens dargestellt, die nicht weniger deutlich ist als die Tendenz zur Ausdehnung des Kulturkreises. Bereits in der ersten Kulturphase, dem Totemismus, gibt es Verbote bezüglich inzestuöser Objektwahl, die als eine drastische Verstümmelung des menschlichen Liebeslebens angesehen werden. Im Laufe der Zeit werden durch Tabus, Gesetze und Sitten weitere Einschränkungen des Sexuallebens sowohl für Männer als auch für Frauen festgelegt.

Die Kultur folgt dabei dem Zwang der ökonomischen Notwendigkeit, da sie der Sexualität eine beträchtliche Menge psychischer Energie entziehen muss, die sie selbst verbraucht. Die Kultur behandelt die Sexualität ähnlich wie eine unterworfene Bevölkerungsgruppe oder Schicht und ergreift strenge Vorsichtsmaßnahmen, um einen Aufstand der Unterdrückten zu verhindern. In der westeuropäischen Kultur wird bereits in der Kindheit begonnen, die Äußerungen des kindlichen Sexuallebens zu verpönen, um die sexuellen Gelüste der Erwachsenen einzudämmen.

Die Kulturgesellschaft ist jedoch zu weit gegangen, indem sie viele sexuelle Phänomene leugnet und strenge Verbote für die Objektwahl und außergenitale Befriedigungen auferlegt. Die Forderung nach einem gleichartigen Sexualleben für alle Menschen ignoriert die Unterschiede in der angeborenen und erworbenen Sexualkonstitution und führt zu schwerer Ungerechtigkeit. Obwohl einige Menschen möglicherweise ohne Einbuße in die vorgesehenen Kanäle ihre sexuellen Interessen lenken können, wird die heterosexuelle genitale Liebe durch die Beschränkungen der Legitimität und der Monogamie weiter beeinträchtigt.

Die heutige Kultur zeigt deutlich, dass sie sexuelle Beziehungen nur auf der Grundlage einer einmaligen, unauflösbaren Bindung zwischen einem Mann und einer Frau erlauben will und die Sexualität nur als Quelle für die Vermehrung der Menschen duldet, nicht aber als eigenständige Lustquelle. Die Einschränkung des Sexuallebens und die rigiden Normen der Monogamie führen zu Spannungen und Komplikationen im Zusammenhang mit menschlichen Beziehungen und der individuellen Erfüllung von Sexualität und Zuneigung.

Weiterhin wird die schwerwiegende Einschränkung des Sexuallebens durch die Kulturgesellschaft thematisiert. Die Kultur hat im Laufe der Zeit zahlreiche Verbote und Normen bezüglich der Sexualität eingeführt, darunter das Verbot der inzestuösen Objektwahl und die Einschränkung auf monogame Beziehungen. Obwohl die Kultur versucht hat, ein einheitliches Sexualleben für alle Menschen zu etablieren, hat sie viele Überschreitungen stillschweigend toleriert, da eine so rigide Einstellung für die meisten Menschen undurchführbar ist.

Jedoch wird betont, dass diese kulturelle Einstellung keineswegs harmlos ist, da das Sexualleben des Kulturmenschen stark geschädigt wurde. Es wird spekuliert, dass die Bedeutung der Sexualität als Quelle von Glücksempfindungen und Erfüllung im Leben erheblich nachgelassen hat. Möglicherweise ist dies nicht allein dem Druck der Kultur geschuldet, sondern auch der Natur der Funktion selbst. Es wird vermutet, dass mit der Aufrichtung des Menschen und der Entwertung des Geruchssinnes die gesamte Sexualität, einschließlich der Analerotik, von einer organischen Verdrängung bedroht ist. Es könnte sein, dass seitdem eine ursprüngliche abweisende Einstellung zum Sexualleben besteht, die eine volle Befriedigung verhindert und die Menschen auf andere Wege drängt, wie Sublimierungen und Libidoverschiebungen.

Es wird darauf hingewiesen, dass es Anstoß erregt, dass wir zwischen Urin und Fäkalien geboren werden, was viele Menschen ablehnen. Auch die Geruchsempfindungen der Genitalien können bei einigen Menschen unerträglich sein und ihnen den Sexualverkehr verleiden. Dies könnte eine tiefe Wurzel für die fortschreitende Sexualverdrängung im Zusammenhang mit der Kultur sein – eine organische Abwehr gegenüber der früheren animalischen Existenz, die sich mit wissenschaftlichen Forschungen und manchen Vorurteilen deckt.

Dennoch sind dies derzeit nur Vermutungen, die nicht wissenschaftlich bestätigt wurden. Es wird betont, dass es auch in Europa Völker gibt, die die starken Genitalgerüche als Reizmittel der Sexualität hochschätzen und auf sie nicht verzichten wollen. Dies unterstreicht die Vielfältigkeit und Komplexität der menschlichen Sexualität und die unterschiedlichen kulturellen Ansichten und Praktiken in Bezug auf dieses wichtige Lebensaspekt.

Kapitel 5

Des Weiteren wird auf die Schwierigkeiten eingegangen, die die Versagungen des Sexuallebens für Menschen mit Neurosen mit sich bringen. Diese Individuen schaffen sich in ihren Symptomen Ersatzbefriedigungen, die entweder an sich selbst Leiden schaffen oder zu Quellen des Leidens werden, indem sie ihnen Schwierigkeiten mit der Umwelt und der Gesellschaft bereiten.

Die Kultur verlangt nicht nur Opfer in Bezug auf die Sexualbefriedigung, sondern auch in anderen Aspekten des Lebens. Es wird betont, dass die Entwicklung der Kultur eine allgemeine Entwicklungsschwierigkeit darstellt, da die Libido eine Abneigung hat, eine alte Position gegen eine neue zu tauschen. Ein weiterer Gegensatz zwischen Kultur und Sexualität wird darin gesehen, dass die sexuelle Liebe ein Verhältnis zwischen zwei Personen ist, während die Kultur auf Beziehungen unter einer größeren Gruppe von Menschen beruht.

Es wird angemerkt, dass es wünschenswert wäre, wenn eine Kulturgemeinschaft aus libidinös gesättigten Doppelindividuen bestehen würde, die durch gemeinsame Interessen und Arbeit miteinander verbunden sind. In einem solchen Fall würde die Kultur keine Energie von der Sexualität entziehen müssen. Allerdings zeigt die Realität, dass die Kultur nicht mit den bisherigen Bindungen zufrieden ist, sondern die Mitglieder der Gemeinschaft auch libidinös aneinander binden möchte. Sie setzt alles daran, starke Identifizierungen unter den Menschen herzustellen und Freundschaftsbeziehungen zu stärken, um die Gemeinschaftsbande zu festigen. Dadurch wird jedoch die Einschränkung des Sexuallebens unvermeidlich.

Letztlich bleibt jedoch ein Rätsel, warum die Kultur eine Gegnerschaft zur Sexualität aufweist und die Mitglieder der Gemeinschaft libidinös aneinander binden möchte. Es wird vermutet, dass es einen bisher unentdeckten störenden Faktor gibt, der diese Dynamik beeinflusst. Der Text weist darauf hin, dass es weitere Forschung und Einsicht erfordert, um diese Notwendigkeit und den Grund für die Gegnerschaft zwischen Kultur und Sexualität zu verstehen.

Weiterhin wird die Idealforderung der Kulturgesellschaft "Du sollst den Nächsten lieben wie dich selbst" näher betrachtet und kritisch hinterfragt. Die Forderung wird als überraschend und befremdlich empfunden. Freud stellt die Frage, warum man den Nächsten lieben sollte und wie man dies bewerkstelligen könne. Die Liebe wird als etwas Wertvolles angesehen, das nicht leichtfertig verteilt werden sollte. Um jemanden zu lieben, müsse dieser es auf irgendeine Weise verdienen, entweder indem er ähnlich ist, dass man sich in ihm selbst lieben kann, oder indem er so viel vollkommener ist, dass man sein Ideal in ihm lieben kann.

Das Problem liegt darin, dass es schwierig ist, einen völlig Fremden zu lieben, der keine besondere Anziehung oder Bedeutung für das eigene Gefühlsleben hat. Es wird befürchtet, dass eine so allgemeine und feierliche Vorschrift nicht vernünftig umsetzbar sei, da die Liebe nicht willkürlich verteilt werden könne. Zudem sieht Freud Schwierigkeiten darin, dass der Fremde möglicherweise sogar Anspruch auf Feindseligkeit oder Hass haben könnte, da er sich egoistisch und rücksichtslos verhält und möglicherweise Schaden zufügt.

Die Idealforderung, den Nächsten zu lieben, wird als problematisch betrachtet, da sie eine unrealistische und möglicherweise ungerechte Verteilung von Liebe voraussetzt. Auch das Gebot, die Feinde zu lieben, wird als noch anspruchsvoller angesehen. Letztlich wird festgestellt, dass beide Gebote im Grunde auf dasselbe hinauslaufen und als Zumutung empfunden werden, da sie die natürliche Begrenztheit und Auswahl der menschlichen Liebe in Frage stellen.

Des Weiteren wird das ethische Gebot, den Nächsten zu lieben wie sich selbst, weiter untersucht und in Verbindung mit der menschlichen Aggressionsneigung betrachtet. Freud weist darauf hin, dass die Idee, den Nächsten bedingungslos zu lieben, auf den ersten Blick absurd erscheinen mag, da der Nächste nicht immer liebenswert ist und sogar Feindseligkeit zeigen kann. Es wird darauf hingewiesen, dass Menschen Unterschiede in ihrem Verhalten aufweisen, die ethische Kategorien von "gut" und "böse" schaffen.

Die Befolgung solch hoher ethischer Forderungen kann laut dem Autor jedoch Probleme verursachen, da sie Anreize für schlechtes Verhalten schaffen könnten, wenn es keine direkten Konsequenzen für böses Handeln gibt. Es wird an ein Ereignis in der französischen Kammer erinnert, bei dem ein Redner die Abschaffung der Todesstrafe forderte und dafür begeisterten Applaus erhielt, bis jemand aus dem Saal rief: "Que messieurs les assassins commencent!" (Lasst die Herren Mörder beginnen!). Dieses Beispiel verdeutlicht die Schwierigkeiten, ethische Prinzipien konsequent umzusetzen, wenn es Menschen gibt, die nicht bereit sind, diese Prinzipien ebenfalls zu befolgen.

Der Text weist darauf hin, dass der Mensch nicht nur ein liebebedürftiges Wesen ist, sondern auch Aggressionsneigungen in sich trägt. Die Aggression kann sich in verschiedenen Formen äußern, von Provokation bis hin zu grausamen Taten wie Kriegen und Eroberungen. Der Satz "Homo homini lupus" (Der Mensch ist dem Menschen ein Wolf) wird als realistische Einschätzung der menschlichen Natur betrachtet. Freud verweist auf historische Ereignisse und Kriege, die die grausame Seite der Menschheit offenbaren.

Weiterhin wird die Rolle der menschlichen Aggressionsneigung in der Gesellschaft und ihre Auswirkungen auf die Kultur untersucht. Es wird festgestellt, dass die Existenz von Aggression unter den Menschen zu einer ständigen Bedrohung für die Kulturgesellschaft führt. Die Aggressionsneigung kann das Interesse an einer Arbeitsgemeinschaft überwinden und die Kultur destabilisieren. Um diese Bedrohung zu minimieren, muss die Kultur Maßnahmen ergreifen, um die Aggression zu kontrollieren und einzuschränken. Dies kann durch psychische Reaktionsbildungen, Einschränkungen des Sexuallebens und die Förderung von Identifizierungen und zielgehemmten Liebesbeziehungen erreicht werden.

Es wird aufgezeigt, dass die Kulturbemühungen bisher nur begrenzten Erfolg hatten und die Kulturgesellschaft weiterhin mit aggressiven Tendenzen konfrontiert ist. Menschen erfahren oft, dass ihre Erwartungen an Mitmenschen enttäuscht werden und sie mit Feindseligkeit und Übelwollen konfrontiert werden. Dennoch wird darauf hingewiesen, dass Streit und Wettkampf in der Gesellschaft unentbehrlich sind, aber sie sollten nicht notwendigerweise Feindschaft und Feindseligkeit auslösen.

Der Text diskutiert dann die kommunistische Idee, dass der Mensch von Natur aus gut und wohlwollend ist, aber dass das private Eigentum seine Natur verdorben hat und zu Aggression und Feindseligkeit geführt hat. Die kommunistische Lösung besteht darin, das Privateigentum abzuschaffen und alle Güter gemeinschaftlich zu machen, um so Aggression und Feindseligkeit zu beseitigen. Freud betrachtet diese psychologische Voraussetzung des Kommunismus jedoch als haltlose Illusion. Das Aufheben des Privateigentums mag ein Werkzeug der Aggression entziehen, aber es ändert nichts an ihrer Existenz oder ihrem Wesen. Die Aggression ist ein tief verwurzelter Aspekt der menschlichen Natur und zeigt sich bereits in der frühkindlichen Entwicklung.

Der Text schließt mit dem Gedanken, dass selbst wenn das Privateigentum und die Familie, als Keimzelle der Kultur, beseitigt werden, die menschliche Natur immer noch Wege finden wird, um ihre aggressiven Neigungen auszudrücken. Es wird betont, dass die menschliche Aggression eine komplexe und tief verwurzelte Eigenschaft ist, die nicht einfach durch soziale und wirtschaftliche Veränderungen beseitigt werden kann. Die Frage der menschlichen Aggressionsneigung bleibt somit eine herausfordernde und komplexe Angelegenheit für die Kulturgesellschaft.

Des Weiteren wird die Schwierigkeit des Menschen diskutiert, auf die Befriedigung seiner Aggressionsneigung zu verzichten und wie dies die Kulturgesellschaft herausfordert. Es wird betont, dass ein kleinerer Kulturkreis, der die Aggression nach außen richten kann, das Zusammenhalten der Gemeinschaft erleichtern kann. Das Phänomen des "Narzißmus der kleinen Differenzen" wird erwähnt, bei dem nahe verwandte Gemeinschaften einander bekämpfen und verspotten. Dies dient als eine Art Ventil für die Aggression und erleichtert das Zusammenhalten der Gemeinschaft.

Die kommunistische Idee wird erörtert und kritisch betrachtet. Es wird festgestellt, dass die Aggressionsneigung nicht nur durch wirtschaftliche Bedingungen wie das Privateigentum verursacht wird, sondern ein tief verwurzeltes Merkmal der menschlichen Natur ist. Die kommunistische Hoffnung, durch die Abschaffung des Privateigentums Aggression und Feindseligkeit zu beseitigen, wird als illusionär betrachtet. Die Aggression hat viele Quellen, und selbst wenn wirtschaftliche Unterschiede beseitigt werden, wird sie in anderen Formen weiterbestehen.

Es wird auch darauf hingewiesen, dass die Kulturgesellschaft den Menschen Opfer auferlegt, nicht nur in Bezug auf die Einschränkung der Sexualität, sondern auch bezüglich der Aggressionsneigung. Es wird betont, dass der Urmensch keine Triebbeschränkungen kannte, aber dafür weniger Sicherheit hatte. Mit der Entwicklung der Kultur hat der Mensch ein Stück Glücksmöglichkeit gegen ein Stück Sicherheit getauscht.

Die Möglichkeit von Reformen und Verbesserungen in der Kultur wird anerkannt, aber es wird auch darauf hingewiesen, dass es möglicherweise Schwierigkeiten gibt, die dem Wesen der Kultur anhaften und schwerwiegende Probleme verursachen können. Eine solche Gefahr besteht im "psychologischen Elend der Masse", wenn die gesellschaftliche Bindung hauptsächlich durch Identifizierung der Teilnehmer untereinander hergestellt wird und Führerindividualitäten ihre angemessene Rolle nicht einnehmen.

Der gegenwärtige Kulturzustand Amerikas wird als Beispiel für die Untersuchung dieses befürchteten Kulturschadens genannt.

Schließlich wird klargestellt, dass die Kritik der Kulturgesellschaft nicht als Kulturfeindlichkeit betrachtet werden sollte, sondern als legitime Suche nach Verbesserungen, um die Bedürfnisse besser zu befriedigen und Unvollkommenheiten zu beseitigen. Der Text endet mit der Entscheidung des Autors, nicht in die Kritik der Kultur Amerikas einzugehen und amerikanische Methoden zu vermeiden.

Kapitel 6

Insgesamt äußert Freud seine Empfindung, dass er bei dieser Arbeit scheinbar offensichtliche Dinge darstellt, die bereits allgemein bekannt sind. Dennoch erklärt er, dass er diese Darstellung vornimmt, um eine bestimmte Wendung der psychoanalytischen Trieblehre zu verdeutlichen und ihre Konsequenzen zu erforschen. Er betont, dass die Anerkennung eines besonderen, selbständigen Aggressionstriebes keine Abkehr von der psychoanalytischen Trieblehre bedeutet, sondern lediglich eine Schärfung und Weiterentwicklung dieser Theorie.

Freud erklärt weiter, dass die Trieblehre in der psychoanalytischen Theorie langsam entwickelt wurde und anfangs in einer Phase der Ratlosigkeit stand. Die Idee von "Hunger und Liebe", die das Getriebe der Welt zusammenhalten, gab ihm jedoch erste Anhaltspunkte. Hunger repräsentierte die Triebe, die das Individuum aufrechterhalten wollen, während die Liebe auf Objekte abzielt und hauptsächlich der Erhaltung der Art dient. So entstanden die Konzepte von Ichtrieben und Objekttrieben, wobei die auf Objekte gerichteten Triebe als "Libido" bezeichnet wurden.

Freud erwähnt den sadistischen Objekttrieb, der sich dadurch auszeichnet, dass sein Ziel nicht liebevoll ist und in einigen Aspekten den Ichtrieben ähnelt. Trotz dieser Unstimmigkeit wird der Sadismus als Teil des Sexuallebens betrachtet und als Ersatz für das zärtliche Spiel akzeptiert.

Die Neurose wird als das Ergebnis eines Kampfes zwischen dem Interesse der Selbstbewahrung (Ichtriebe) und den Anforderungen der Libido betrachtet, wobei das Ich in diesem Konflikt siegt, aber zu einem hohen Preis in Form von Leiden und Verzicht. Es wird angedeutet, dass die Neurose entsteht, wenn das Ich nicht angemessen mit den Ansprüchen der Libido umgehen kann.

Abschließend erklärt Freud, dass die Untersuchung des Aggressionstriebes keine radikale Veränderung der Trieblehre darstellt, sondern eine Vertiefung und Ergänzung dieser Theorie, um ein umfassenderes Verständnis der menschlichen Psyche zu ermöglichen.

Des Weiteren beschreibt Freud die Entwicklung der psychoanalytischen Trieblehre und die Einführung des Begriffs "Narzißmus", der entscheidend für das Verständnis der Neurosen und psychotischen Affektionen war. Die Entdeckung, dass das Ich selbst mit Libido besetzt ist und diese Libido sich zu Objekten hinwendet und wieder zurückverwandeln kann, ermöglichte eine umfassendere Analyse psychischer Zustände.

Der nächste Schritt in der Entwicklung der Trieblehre war die Einführung des Begriffs "Todestrieb" in Jenseits des Lustprinzips (1920). Freud argumentierte, dass es neben dem Trieb, das Leben zu erhalten und zusammenzufassen (Eros), auch einen Gegenspieler geben müsse, der auf die Auflösung und Rückführung in einen anorganischen Zustand abzielt (Todestrieb). Die Wechselwirkung dieser beiden Triebe erklärte die Phänomene des Lebens.

Es war jedoch nicht einfach, die Aktivität des Todestriebs zu belegen. Die Äußerungen des Eros waren offensichtlich und laut, aber der Todestrieb schien stumm im Inneren des Lebewesens zu arbeiten. Die Idee des Aggressions- und Destruktionstriebs entstand als Möglichkeit, dass ein Teil des Triebes sich gegen die Außenwelt wendet und als Aggression und Zerstörung zum Ausdruck kommt. Durch diese Verbindung wird der Trieb in den Dienst des Eros gezwungen, da das Lebewesen andere Dinge oder Wesen anstelle seines eigenen Selbst zerstört.

Freud erklärt weiter, dass die beiden Triebe selten, wenn überhaupt, voneinander isoliert auftreten, sondern sich in verschiedenen Mischverhältnissen miteinander verbinden und dadurch schwer zu unterscheiden sind. Der Sadismus und der Masochismus werden als Beispiele für starke Verbindungen zwischen Liebesstreben und Destruktionstriebe genannt, wobei im

Sadismus die Verbindung nach außen gerichtet ist und im Masochismus nach innen.

Weiterhin verteidigt Freud die Annahme des Todestriebs, der anfangs in psychoanalytischen Kreisen auf Widerstand gestoßen ist. Er betont, dass diese Auffassung theoretisch sehr nützlich und brauchbar ist und eine Vereinfachung darstellt, die den Tatsachen gerecht wird. Freud gibt zu, dass auch er anfangs Schwierigkeiten hatte, den Destruktionstrieb zu akzeptieren, aber im Laufe der Zeit hat er erkannt, wie wichtig und allgegenwärtig die nicht erotische Aggression und Destruktion im menschlichen Leben sind.

Die Idee, dass der Mensch eine angeborene Neigung zum Bösen und zur Aggression hat, wird oft abgelehnt, da viele Menschen sich als Gottes Ebenbild sehen und es schwer ist, das Böse mit der Vorstellung von einem allmächtigen und allgütigen Gott zu vereinbaren. Freud führt aus, dass es selbst dann schwierig wäre, Gott für die Existenz des Teufels und des Bösen verantwortlich zu machen. Angesichts dieser Schwierigkeiten rät Freud dazu, die moralische Natur des Menschen anzuerkennen und eine tiefe Verbeugung davor zu machen, um Beliebtheit zu erlangen und Verständnis für diese komplexen Fragen zu erhalten.

Freud weist auf Goethes Mephistopheles hin, der das Böse mit dem Destruktionstrieb identifiziert und den Eros als seinen Gegner betrachtet. Mephistopheles sieht das Entstehen und Vergehen als natürlichen Kreislauf und betrachtet das Böse als sein eigenes Element. Der Teufel stellt klar, dass seine Gegner nicht das Heilige oder das Gute sind, sondern die Kraft der Natur zur Fortpflanzung und Vermehrung des Lebens, also den Eros.

Des Weiteren geht es um die Theorie der Libido und des Todestriebs, sowie deren Beziehung zueinander. Freud erklärt, dass der Name "Libido" für die Kraftäußerungen des Eros verwendet werden kann, um sie von der Energie des Todestriebs zu unterscheiden. Die aktuelle Auffassung besagt, dass an jeder Triebäußerung Libido beteiligt ist, jedoch nicht alles an ihr Libido ist.

Der Todestrieb ist schwerer zu erfassen und bleibt oft verborgen, außer wenn er sich mit dem Eros vermischt, wie im Fall des Sadismus, wo die Befriedigung mit einem hohen narzißtischen Genuss verbunden ist.

Freud akzeptiert die Aggressionsneigung als eine ursprüngliche, eigenständige Triebanlage des Menschen und betrachtet die Kultur als einen Prozess, der über die Menschheit abläuft und vom Eros geleitet wird. Die Kultur soll vereinzelte Menschen zu einer großen Einheit, der Menschheit, zusammenfassen, indem sie libidinös aneinander gebunden werden. Diesem Ziel der Kultur widersetzt sich jedoch der natürliche Aggressionstrieb, der aus dem Todestrieb hervorgeht. Freud betont, dass der Kampf zwischen Eros und Todestrieb der wesentliche Inhalt des Lebens ist und die Kulturentwicklung diesen Kampf zwischen Lebens- und Destruktionstrieben in der Menschheit widerspiegelt.

Kapitel 7

Weiterhin setzt sich Freud mit der Frage auseinander, warum unsere tierischen Verwandten keinen vergleichbaren Kulturkampf wie der Mensch zeigen. Es wird darauf hingewiesen, dass einige Tierarten, wie Bienen, Ameisen und Termiten, über Jahrtausende hinweg gerungen haben, um staatliche Institutionen, Verteilung von Funktionen und Einschränkungen für die Individuen zu entwickeln, die wir heute bewundern. Jedoch empfinden wir Menschen uns in keinem dieser Tierstaaten und den ihnen zugewiesenen Rollen als glücklich. Es wird vermutet, dass bei einigen Tierarten möglicherweise ein zeitweiliger Ausgleich zwischen den Einflüssen der Umwelt und den sich bekämpfenden Trieben erreicht wurde, was zu einem Stillstand der Entwicklung führte. Beim Urmenschen könnte ein neuer Vorstoß der Libido einen erneuten Widerstand des Destruktionstriebes entfacht haben, aber es bleiben viele Fragen offen, auf die es noch keine Antwort gibt.

Die zentrale Frage, die näher betrachtet wird, ist, wie die Kultur die entgegenstehende Aggression hemmt oder unschädlich macht. Freud zeigt auf, dass die Aggression introjiziert und gegen das eigene Ich gewendet wird. Das bedeutet, dass sie vom Ich internalisiert wird und von einem Teil des Ichs, dem Über-Ich, übernommen wird. Das Über-Ich tritt dem Ich gegenüber und übt dieselbe strenge Aggressionsbereitschaft aus, die das Ich gerne an anderen, fremden Individuen ausgeübt hätte. Diese Spannung zwischen dem strengen Über-Ich und dem unterworfenen Ich wird als Schuldbewusstsein bezeichnet, das sich als Strafbedürfnis äußert. Durch diese Internalisierung der Aggression bewältigt die Kultur die gefährliche Aggressionslust des Individuums, indem sie es schwächt, entwaffnet und durch eine instanz im Inneren überwachen lässt, ähnlich einer Besatzung in einer eroberten Stadt. Dieser Prozess ermöglicht eine Regulation und Kontrolle der Aggressionsneigung und ist ein wesentlicher Aspekt der Kulturentwicklung.

Des Weiteren beschäftigt sich Freud mit der Entstehung des Schuldgefühls und wie es von der psychoanalytischen Perspektive betrachtet wird, die sich von anderen psychologischen Ansätzen unterscheidet. Zunächst wird darauf hingewiesen, dass man sich schuldig fühlt, wenn man etwas als "böse" erkennt und getan hat. Doch diese Antwort wird als unzureichend empfunden, da sie nicht erklärt, wie man zu dieser Unterscheidung von Gut und Böse kommt. Ein angeborenes Unterscheidungsvermögen für Gut und Böse wird abgelehnt, da das, was als "böse" betrachtet wird, nicht immer dem Ich schadet oder gefährlich ist. Stattdessen wird darauf hingewiesen, dass das Konzept von Gut und Böse durch fremde Einflüsse bestimmt wird.

Der entscheidende Faktor für die Entstehung des Schuldbewusstseins wird als Angst vor dem Verlust der Liebe identifiziert. Menschen sind von anderen abhängig, und wenn sie die Liebe und den Schutz dieser anderen verlieren, setzen sie sich verschiedenen Gefahren aus. Das "Böse" wird daher als dasjenige angesehen, für das man mit Liebesverlust bedroht wird, und aus Angst vor diesem Verlust muss man es vermeiden. Dieses frühe Schuldbewusstsein ist also hauptsächlich soziale Angst und wird als "schlechtes Gewissen" bezeichnet. Es gilt sowohl für kleine Kinder als auch für viele Erwachsene, bei denen die größere menschliche Gemeinschaft als Autorität fungiert.

Freud erwähnt, dass viele Erwachsene das "Böse", das ihnen Annehmlichkeiten verspricht, ausführen, solange sie sicher sind, dass die Autorität nichts davon erfährt oder ihnen nichts antun kann. Ihre Angst gilt somit allein der Entdeckung, und dieses Phänomen ist charakteristisch für die Gesellschaft der heutigen Zeit. Die sozialen Normen und die Angst vor Sanktionen der Gemeinschaft beeinflussen somit das individuelle Schuldbewusstsein und die moralische Entscheidungsfindung.

Weiterhin beschäftigt sich Freud mit der Entwicklung des Gewissens und des Schuldgefühls auf einer neuen Stufe, die mit der Internalisierung Freudität, des sogenannten Über-Ichs, einhergeht. Das Über-Ich entsteht durch die Verinnerlichung der elterlichen Autorität und wird zur internen Instanz, die das Verhalten des Individuums überwacht und bewertet. Es ersetzt die Angst vor Entdeckung durch die Angst vor dem Urteil des Über-Ichs.

Auf dieser neuen Entwicklungsstufe zeigt sich eine interessante Eigenschaft des Gewissens: Je tugendhafter ein Mensch ist, desto strenger und misstrauischer wird sein Gewissen ihm gegenüber. Menschen, die sich in Heiligkeit auszeichnen, neigen dazu, sich selbst als sündhaft zu betrachten und bestrafen zu wollen. Es wird betont, dass diese Entwicklung nicht rein künstlich ist, sondern auf der ursprünglichen infantilen Stufe des Gewissens basiert, die nach der Internalisierung als Über-Ich fortbesteht. Äußere Versagungen und Mißgeschicke können die Macht des Über-Ichs und des Gewissens noch verstärken.

Freud weist darauf hin, dass ganze Völker ähnlich agieren und dass dies auch mit religiösen Überzeugungen zusammenhängen kann. In diesem Zusammenhang erwähnt er das Volk Israel, das, als es mit Unglück konfrontiert wurde, seine Sündhaftigkeit erkannte und strengere religiöse Vorschriften schuf. Dies wird als Ergebnis des Schuldbewusstseins und des Bedürfnisses, sich vor der höchsten Macht zu beugen, interpretiert. Der Primitive hingegen neigt dazu, das Unglück dem Fetisch zuzuschreiben und ihn zu bestrafen, anstatt sich selbst zu tadeln.

Die komplexe Entwicklung des Gewissens und des Schuldgefühls wird als Ergebnis von internalisierten sozialen Normen und Autoritäten dargestellt, die das individuelle Verhalten und die moralische Selbstreflexion beeinflussen. Es wird betont, dass diese Prozesse nicht isoliert stattfinden, sondern in ständigem Wechselspiel und in verschiedenen Abstufungen des Bewusstseins existieren. Die Entstehung des Gewissens und des Schuldgefühls wird als Teil des komplexen Zusammenspiels von individuellen Trieben, sozialen Normen und kulturellen Einflüssen verstanden.

Des Weiteren setzt Freud seine Untersuchung zum Gewissens- und Schuldgefühl fort und beleuchtet die komplexen Zusammenhänge zwischen äußerer Autorität, Über-Ich, Triebverzicht und Gewissen. Er weist darauf hin, dass es zwei Ursprünge des Schuldgefühls gibt: die Angst vor der äußeren Autorität, die zum Verzicht auf Triebbefriedigungen führt, und die spätere Angst vor dem Über-Ich, das das Verlangen des Individuums nicht verbergen kann und zur Bestrafung führt. Der Triebverzicht, der ursprünglich durch die Angst vor der äußeren Autorität motiviert war, verliert nun seine vollständig befreiende Wirkung, da das Schuldgefühl trotz des Verzichts auftritt, was ein Nachteil der Gewissensbildung ist.

Freud beschreibt die zeitliche Abfolge dieser Entwicklungen: Zuerst erfolgt der Triebverzicht aufgrund der Angst vor der äußeren Autorität und des Liebesverlustes, dann entsteht das Über-Ich und der Triebverzicht erfolgt aus Angst vor ihm, was zum Gewissensgefühl führt. Das Gewissen bewahrt somit die Aggression der äußeren Autorität und konserviert sie auf einer inneren Ebene.

Allerdings bleibt die Frage, warum das Gewissen bei den Besten und Fügsamsten besonders streng und gnadenlos ist und wie das Unglück und der von außen auferlegte Verzicht das Gewissen verstärken können. Freud präsentiert eine psychoanalytische Idee, die besagt, dass anfangs das Gewissen die Ursache für den Triebverzicht ist, aber später kehrt sich das Verhältnis um. Jeder Triebverzicht wird zu einer dynamischen Quelle des Gewissens, und jeder neue Verzicht verstärkt dessen Strenge und Intoleranz. Das Gewissen wird somit durch den Triebverzicht geschaffen und fordert dann weiteren Verzicht.

Diese Idee mag auf den ersten Blick paradox erscheinen, aber sie ermöglicht ein besseres Verständnis der komplexen Beziehung zwischen Triebverzicht und Gewissen. Die Entstehung und Entwicklung des Gewissens wird als Ergebnis einer Wechselwirkung zwischen äußeren Einflüssen, inneren Konflikten und moralischen Selbstreflexionen dargestellt. Das Gewissen entsteht und entwickelt sich nicht als isoliertes Phänomen, sondern als Ergebnis eines komplexen Prozesses, der sowohl individuelle als auch soziale Faktoren umfasst.

Weiterhin führt Freud eine detaillierte Diskussion über die Entstehung des Gewissens und dessen Beziehung zum Aggressionstrieb. Er untersucht zwei mögliche Ursprünge des Schuldgefühls: den Verzicht auf Aggression als Folge der Angst vor äußerer Autorität und den späteren Verzicht aufgrund der Angst vor dem Über-Ich.

Freud nimmt das Beispiel des Aggressionstriebes als einfache Darstellung und argumentiert, dass jeder nicht ausgelebte Teil der Aggression vom Über-Ich übernommen und dessen Aggressivität gegen das Ich verstärkt wird. Dies führt zu einem Schuldgefühl, das sich im Laufe der Zeit durch weitere Unterdrückungen verstärkt.

Es wird festgestellt, dass das Gewissen ursprünglich durch die Unterdrückung von Aggression entstanden ist und sich im Laufe der Zeit durch weitere solche Unterdrückungen verstärkt. Beide Ansätze, die frühere genetische Erklärung und die neuere Erklärung, die das Gewissen als Ergebnis der Aggressionsunterdrückung betrachtet, haben ihre Berechtigung und treffen an einigen Stellen sogar zusammen. Die Strenge des Über-Ichs, die ein Kind entwickelt, wird nicht unbedingt durch die Strenge der Behandlung wiedergegeben, die es selbst erfahren hat, sondern hängt von verschiedenen Faktoren ab, einschließlich konstitutioneller Eigenschaften und Einflüssen aus der Umgebung.

Freud betont, dass die Entstehung des Gewissens das Ergebnis einer komplexen Wechselwirkung zwischen individuellen und sozialen Faktoren ist. Die Theorie wird als abgerundet angesehen, da sie beide Ansätze berücksichtigt und zeigt, dass sowohl individuelle Konstitution als auch soziale Einflüsse in der Entstehung des Gewissens eine Rolle spielen. Es wird betont, dass solche ätiologischen Bedingungen bei vielen psychologischen

Prozessen eine allgemeine Rolle spielen und keineswegs befremdend sind.

Des Weiteren beschäftigt sich Freud mit einer möglichen phylogenetischen Entwicklung des Gewissens und vergleicht zwei Ansätze zur Genese des Gewissens. Er argumentiert, dass das Kind bei überstarker Aggression und einer strengen Reaktion des Über-Ichs auf die ersten großen Triebversagungen einem phylogenetischen Vorbild folgt. Das phylogenetische Erbe des Menschen aus dem Ödipuskomplex und der Tötung des Vaters durch die Brüdervereinigung könnte ebenfalls eine Rolle bei der Entstehung des Schuldgefühls spielen.

Freud erkennt an, dass es einen bedeutsamen Unterschied in den beiden Vorgängen gibt, wenn man von der individuellen zur phylogenetischen Entwicklungsgeschichte übergeht. Er stellt die Frage auf, ob das Schuldgefühl tatsächlich von unterdrückten Aggressionen herrührt oder ob die Geschichte von der Vatertötung nur ein Roman ist. Freud räumt ein, dass die Psychoanalyse den Ursprung des Gewissens und des Schuldgefühls in Fällen, in denen tatsächlich eine schlechte Tat begangen wurde und Reue auftritt, noch nicht erklärt hat. Er betont jedoch, dass solche Fälle als Reue bezeichnet werden sollten und sich auf spezifische Handlungen beziehen, während das Gewissen eine Bereitschaft ist, sich generell schuldig zu fühlen und sich bereits vor der Tat manifestiert. Die Psychoanalyse schließt solche Fälle des Schuldgefühls aus Reue von den vorherigen Erörterungen aus, da sie den Ursprung des Gewissens und des Schuldgefühls im Allgemeinen nicht erklären können.

Abschließend betont Freud, dass die psychoanalytische Untersuchung des Gewissens und des Schuldgefühls weiterhin wichtig ist, um ein umfassendes Verständnis dieser psychologischen Phänomene zu entwickeln. Es wird darauf hingewiesen, dass die Frage des Ursprungs des Gewissens und des Schuldgefühls komplex und möglicherweise von mehreren

Faktoren abhängig ist, einschließlich individueller und evolutionärer Aspekte.

Weiterhin wird weiterhin über die mögliche Genese des Schuldgefühls und dessen Verbindung zur Tötung des Urvaters diskutiert. Freud argumentiert, dass die Reue der Söhne nach der Tötung des Vaters das Geheimnis des Schuldgefühls aufklärt. Diese Reue war das Ergebnis einer ambivalenten Gefühlswelt gegenüber dem Vater – sie hassten ihn, aber liebten ihn auch. Durch die Identifizierung mit dem Vater entstand das Über-Ich, das die Rolle des Vaters übernahm und das Gewissen erschuf, um Wiederholungen der Aggression zu verhindern. Das Schuldgefühl ist somit der Ausdruck des ewigen Konflikts zwischen dem Eros (Liebesinstinkt) und dem Destruktions- oder Todestrieb.

Freud betont, dass es nicht entscheidend ist, ob man den Vater getötet oder sich der Tat enthalten hat – das Schuldgefühl bleibt in beiden Fällen bestehen. Es ist vielmehr ein Ergebnis des ambivalenten Konflikts zwischen Liebe und Destruktion, der seit jeher die Menschen begleitet. Dieser Konflikt zeigt sich besonders deutlich im Ödipuskomplex und führt zur Entstehung des Gewissens und des Schuldgefühls.

Darüber hinaus argumentiert Freud, dass die Kultur als Folge dieses Ambivalenzkonflikts eine immer wachsende Verstärkung des Schuldgefühls fordert. Die Kultur strebt danach, die Menschen zu einer innig verbundenen Masse zu vereinigen und kann dies nur erreichen, indem sie das Schuldgefühl weiter steigert. Dieser Prozess, der am Vater begann, setzt sich in der Erweiterung der Gesellschaft fort und kann bis zu Höhen führen, die für den Einzelnen schwer zu ertragen sind.

Freud erwähnt eine ergreifende Anklage eines großen Dichters, die besagt, dass die himmlischen Mächte die Menschen schuldig werden lassen und sie dann der Pein überlassen, da sich jede Schuld auf Erden rächt. Dies verweist auf die tiefen Einsichten, die einzelne Menschen aus dem Wirbel ihrer Gefühle schöpfen können,

während andere sich durch Unsicherheit und Suche den Weg zu
diesen Erkenntnissen bahnen müssen.

Kapitel 8

Insgesamt entschuldigt sich Freud dafür, dass die Erörterungen über das Schuldgefühl den Rahmen des Aufsatzes möglicherweise gesprengt haben und den Hauptinhalt etwas in den Hintergrund gedrängt haben. Dennoch betont Freud, dass das Schuldgefühl als das wichtigste Problem der Kulturentwicklung betrachtet werden sollte und dass der Preis für den Kulturfortschritt in der Erhöhung des Schuldgefühls besteht.

Freud merkt an, dass das Verhältnis des Schuldgefühls zum Bewusstsein noch sonderbar und unverstanden ist. In einigen Fällen, wie bei der Zwangsneurose, drängt sich das Schuldgefühl überdeutlich ins Bewusstsein und beherrscht das Leben der Betroffenen. In anderen Fällen bleibt es jedoch völlig unbewusst, obwohl es dennoch starke Auswirkungen haben kann. Das Schuldgefühl wird manchmal als eine Art unbewusstes Strafbedürfnis oder als Angstmöglichkeit wahrgenommen.

Freud stellt fest, dass das Schuldgefühl im Grunde eine Variation der Angst ist und sich in späteren Phasen mit der Angst vor dem Über-Ich (dem inneren, autoritären Anteil der Persönlichkeit) deckt. Ähnlich wie bei der Angst können auch beim Schuldgefühl außerordentliche Variationen im Verhältnis zum Bewusstsein auftreten. Es kann sich laut und dominant im Bewusstsein äußern oder sich vollständig verbergen, sodass es unbewusst bleibt.

Die Religionen haben die Rolle des Schuldgefühls in der Kultur erkannt und treten mit dem Anspruch auf, die Menschheit von diesem Schuldgefühl zu erlösen. Im Christentum wird diese Erlösung durch den Opfertod eines Einzelnen erreicht, der die gemeinsame Schuld aller Menschen auf sich nimmt. Freud zieht daraus den Schluss, dass dies der erste Anlass für die Entstehung der Urschuld gewesen sein mag, die auch den Beginn der Kultur markierte.

Weiterhin werden die Bedeutungen einiger wichtiger Begriffe wie Über-Ich, Gewissen, Schuldgefühl, Strafbedürfnis und Reue erläutert, da diese im Zusammenhang mit der Untersuchung eine Rolle spielen. Alle diese Begriffe beziehen sich auf dasselbe Verhältnis, aber sie benennen verschiedene Aspekte davon.

Das Über-Ich wird als eine Instanz beschrieben, die von uns erschlossen wurde und die Funktion hat, die Handlungen und Absichten des Ichs zu überwachen und zu beurteilen. Das Gewissen ist eine Funktion des Über-Ichs, die die zensorische Tätigkeit ausübt und die Strenge des Schuldgefühls hervorruft. Das Schuldgefühl ist eine Wahrnehmung, die dem Ich signalisiert, dass es überwacht wird, und es beruht auf der Angst vor dieser kritischen Instanz. Das Strafbedürfnis ist eine Triebäußerung des Ichs, das unter dem Einfluss des sadistischen Über-Ichs masochistisch geworden ist, wobei ein Teil des destruktiven Triebes zur inneren Destruktion in eine erotische Bindung an das Über-Ich umgewandelt wird. Reue ist eine Gesamtbezeichnung für die Reaktion des Ichs auf ein Schuldgefühl und beinhaltet oft die wenig umgewandelte Angst und kann auch ein Strafbedürfnis einschließen.

Die Analyse des Schuldgefühls hat zu einigen Widersprüchen geführt. Einer davon ist, dass das Schuldgefühl manchmal als Folge unterlassener Aggressionen betrachtet wird, während es bei seinem historischen Anfang, der Vatertötung, als Folge einer ausgeführten Aggression erscheint. Freud erklärt, dass die Einsetzung des Über-Ichs die Verhältnisse gründlich verändert hat und das Schuldgefühl nun von der Reue getrennt werden kann.

Ein weiterer Widerspruch besteht darin, dass die aggressive Energie, mit der das Über-Ich ausgestattet wird, entweder als Fortsetzung der Strafenergie der äußeren Autorität betrachtet werden kann oder als nicht verwendete eigene Aggression, die gegen die hemmende Autorität gerichtet wird. Freud merkt jedoch an, dass es letztendlich darum geht, dass es sich um eine nach innen verschobene Aggression handelt, unabhängig von ihrer Herkunft.

Die klinische Beobachtung ermöglicht es, zwei Quellen für die dem Über-Ich zugeschriebene Aggression zu unterscheiden, die im Einzelfall unterschiedlich stark wirken, aber im Allgemeinen zusammenwirken. Dies könnte dazu beitragen, einige der Widersprüche in der Theorie des Schuldgefühls zu erklären.

Des Weiteren setzt Freud eine Auffassung in den Vordergrund, die besagt, dass jede Art von Versagung oder verhinderter Triebbefriedigung eine Steigerung des Schuldgefühls zur Folge haben könnte, wie es in neueren analytischen Werken vertreten wird. Freud schlägt jedoch vor, dass es möglicherweise sinnvoller wäre, diese Annahme auf die aggressiven Triebe zu beschränken, da es schwierig wäre, dynamisch und ökonomisch zu erklären, wie eine nicht erfüllte erotische Befriedigung zu einer Steigerung des Schuldgefühls führen könnte.

Es wird argumentiert, dass eine solche Steigerung des Schuldgefühls nur möglich sein könnte, wenn die Verhinderung der erotischen Befriedigung eine Aggressionsneigung gegen die Person hervorruft, die diese Befriedigung stört, und diese Aggression dann wiederum unterdrückt werden muss. So wandelt sich die Aggression in Schuldgefühl um und wird dem Über-Ich zugeschrieben. Freud glaubt, dass dies eine einfachere und klarere Erklärung für viele Vorgänge sein könnte.

Eine Befragung des klinischen Materials gibt keine klare Antwort, da in der Regel sowohl libidinöse als auch aggressive Anteile zusammenwirken und kaum voneinander isoliert auftreten. Dennoch deutet die Betrachtung extremer Fälle darauf hin, dass eine Einschränkung der Ableitung des Schuldgefühls auf die aggressiven Triebe durchaus plausibel ist.

Freud zieht eine erste Schlussfolgerung aus dieser strengeren Auffassung und wendet sie auf den Verdrängungsvorgang an. Die

Symptome von Neurosen werden als Ersatzbefriedigungen für unerfüllte sexuelle Wünsche betrachtet. In der analytischen Arbeit hat sich gezeigt, dass möglicherweise jede Neurose ein Maß an unbewusstem Schuldgefühl verbirgt, das die Symptome durch ihre Verwendung als Strafe verstärkt. Es wird daher die Hypothese aufgestellt, dass wenn eine Triebstrebung der Verdrängung unterliegt, ihre libidinösen Anteile in Symptome und ihre aggressiven Komponenten in Schuldgefühl umgewandelt werden. Obwohl dieser Satz möglicherweise nur eine durchschnittliche Annäherung ist, wird betont, dass er das Interesse verdient. Weitere Untersuchungen könnten zeigen, ob diese strengere Auffassung des Schuldgefühls auf die aggressiven Triebe tatsächlich zutrifft und wie sie sich auf die Analyse von Neurosen auswirkt.

Weiterhin beschäftigt sich Freud mit der Formel vom "Kampf zwischen Eros und Todestrieb", die in der vorherigen Abhandlung häufig verwendet wurde. Es wird betont, dass diese Formel nicht nur den Kulturprozess der Menschheit beschreibt, sondern auch auf die Entwicklung des einzelnen Menschen angewendet wurde und sogar das Geheimnis des organischen Lebens insgesamt enthüllen soll. Der Kulturprozess der Menschheit wird als Modifikation des Lebensprozesses unter dem Einfluss einer Aufgabe betrachtet, die vom Eros (der Lebens- und Liebestrieb) gestellt wird, und diese Aufgabe besteht darin, vereinzelte Menschen zu einer libidinös verbundenen Gemeinschaft zu vereinigen.

Freud argumentiert, dass der Kulturprozess der Menschheit und der Entwicklungs- oder Erziehungsprozess des einzelnen Menschen sehr ähnlicher Natur sind, wenn nicht sogar derselbe Vorgang an unterschiedlichen Objekten. Beide haben ähnliche Ziele, nämlich die Einreihung des Einzelnen in eine menschliche Masse und die Herstellung einer Masseneinheit aus vielen Einzelnen. Die verwendeten Mittel und die resultierenden Phänomene sind daher nicht überraschend ähnlich.

Es wird jedoch darauf hingewiesen, dass es einen wichtigen Unterschied zwischen diesen beiden Vorgängen gibt. Im

Entwicklungsprozess des Einzelmenschen bleibt das Hauptziel die Glücksbefriedigung gemäß dem Lustprinzip, während die Einreihung in die Gemeinschaft als Bedingung betrachtet wird, um dieses Ziel zu erreichen. Der Entwicklungsprozess wird als das Ergebnis der Interferenz zweier Strebungen betrachtet: das egoistische Streben nach Glück und das altruistische Streben nach Vereinigung mit anderen in der Gemeinschaft.

Im Kulturprozess der Menschheit rückt das Ziel der Herstellung einer Einheit aus den Individuen in den Vordergrund, während das Ziel der individuellen Beglückung in den Hintergrund tritt. Es scheint fast, dass die Schaffung einer großen menschlichen Gemeinschaft am besten gelingen würde, wenn das Glück des Einzelnen nicht so sehr berücksichtigt werden müsste. Dennoch betont Freud, dass der Entwicklungsprozess des Einzelnen mit dem Kulturprozess der Menschheit zusammenfallen muss, insofern beide das Ziel haben, die Einbindung des Einzelnen in die Gemeinschaft zu erreichen. Der Entwicklungsprozess des Einzelnen kann jedoch seine eigenen besonderen Züge haben, die im Kulturprozess nicht immer wiederzufinden sind.

Des Weiteren zieht Freud eine faszinierende Analogie zwischen dem Kulturprozess der Menschheit und der individuellen Entwicklung jedes Menschen. Ähnlich wie ein Planet um seinen Zentralkörper kreist und gleichzeitig um seine eigene Achse rotiert, nimmt der einzelne Mensch am Entwicklungsgang der Menschheit teil, während er seinen eigenen Lebensweg geht. Diese Analogie verdeutlicht, dass sowohl der individuelle Mensch als auch die Menschheit als Ganzes in einem dynamischen Prozess der Entwicklung und Veränderung eingebunden sind.

Freud betont, dass der Kampf zwischen dem individuellen Streben nach Glück und dem Streben nach Anschluss an die Gesellschaft keinen unversöhnlichen Gegensatz der Urtriebe Eros und Tod darstellt, sondern vielmehr einen Zwist im Haushalt der Libido, vergleichbar mit dem Konflikt zwischen dem Ich und den Objekten. Dieser Kampf zwischen Individuum und Gesellschaft führt zu einem endlichen Ausgleich beim Einzelnen und hat Auswirkungen auf die Kultur.

Die Analogie wird weiter ausgedehnt, indem behauptet wird, dass auch die Gemeinschaft ein "Über-Ich" ausbildet, das den Einfluss auf die Kulturentwicklung ausübt. Dieses Kultur-Über-Ich entsteht durch den Eindruck, den große Führerpersönlichkeiten hinterlassen haben, und basiert auf idealen Forderungen, die durch "Gewissensangst" befolgt werden müssen. Das Kultur-Über-Ich ähnelt dem Über-Ich des Einzelnen und legt strenge Idealforderungen fest.

Freud merkt an, dass die seelischen Vorgänge, die dem Kultur-Über-Ich entsprechen, in der Masse, also in der Kulturgemeinschaft, leichter erkannt werden können als beim Einzelnen. Hier sind die Forderungen und Eigenschaften des Über-Ichs klarer erkennbar, da sie von vielen Menschen geteilt und verstanden werden. Es wird betont, dass einige Äußerungen und Eigenschaften des Über-Ichs leichter am Verhalten und der Kulturgemeinschaft erkannt werden können als beim Einzelnen.

Weiterhin beschäftigt sich Freud mit dem Kultur-Über-Ich und der Ethik in der Kulturentwicklung. Das Kultur-Über-Ich besteht aus Idealen und Forderungen, wobei die ethischen Forderungen die Beziehungen der Menschen zueinander betreffen. Die Ethik wird als therapeutischer Versuch betrachtet, das größte Hindernis der Kultur, die Aggression der Menschen gegenüber anderen, zu bewältigen.

Freud kritisiert, dass das Kultur-Über-Ich zu wenig Rücksicht auf die seelische Konstitution des Menschen nimmt und unrealistische Forderungen stellt. Das Gebot "Liebe deinen Nächsten wie dich selbst" wird als Beispiel für das unpsychologische Vorgehen des Kultur-Über-Ichs genannt, da es undurchführbar ist und eine Inflation der Liebe bewirken kann, ohne die Not zu beseitigen. Die Kultur vernachlässigt die Realität und bewertet die Befolgung ethischer Gebote als verdienstvoll, auch wenn sie unglücklich machen kann.

Freud vertritt die Ansicht, dass eine reale Veränderung in den Beziehungen der Menschen zum Besitz mehr Abhilfe bringen könnte als ethische Gebote. Er kritisiert auch die Sozialisten, die die menschliche Natur idealistisch verkennen und dadurch die Umsetzung ihrer Ideen entwerten.

Die Betrachtungsweise des Kultur-Über-Ichs verspricht dem Autor weitere Einsichten in die Kulturentwicklung. Er stellt die Frage, ob manche Kulturen oder Kulturepochen möglicherweise unter dem Einfluss der Kulturstrebungen "neurotisch" geworden sind. Die Idee einer Diagnose der Gemeinschaftsneurosen und therapeutischer Vorschläge auf Basis der Psychoanalyse wird diskutiert. Freud mahnt jedoch zur Vorsicht und betont, dass es sich nur um Analogien handelt und die Übertragung von Konzepten aus der individuellen Psychologie auf die Kulturgemeinschaft komplex und riskant ist.

Trotz dieser Schwierigkeiten hält Freud es für möglich, dass jemand in Zukunft das Wagnis einer solchen Pathologie der kulturellen Gemeinschaften eingeht und weitere Erkenntnisse über die Kulturentwicklung gewonnen werden können.

Freud dieser Abhandlung betont, dass es ihm fern liegt, eine Wertung der menschlichen Kultur vorzunehmen. Er versucht, sich von enthusiastischen Vorurteilen zu distanzieren, die behaupten, dass die menschliche Kultur das Kostbarste sei und unaufhaltsam zu vollkommener Höhe führen müsse. Er ist offen für Kritiker, die argumentieren, dass die Anstrengungen der Kulturstrebung möglicherweise nicht lohnenswert sind und das Ergebnis für den Einzelnen unerträglich sein könnte. Freud gibt zu, dass seine Unparteilichkeit ihm leicht fällt, da er wenig darüber weiß und erkennt, dass Werturteile der Menschen von ihren Glückswünschen geleitet werden und oft Illusionen unterstützen sollen.

Die zentrale Frage, die Freud betrachtet, ist, ob und inwieweit die Kulturentwicklung der Menschheit erfolgreich sein wird, die Störung des Zusammenlebens durch menschliche Aggression und Selbstzerstörung zu überwinden. Er bemerkt, dass die Menschheit durch die Beherrschung der Naturkräfte die Fähigkeit erlangt hat, sich gegenseitig auszulöschen, was zu Unruhe, Unglück und Angst führt. In dieser Zeit wird erwartet, dass die andere "himmlische Macht", der Eros (Liebes- und Lebenstrieb), eine Anstrengung unternehmen wird, um sich im Kampf mit dem menschlichen Aggressionstrieb zu behaupten. Der Ausgang dieses Kampfes bleibt jedoch ungewiss und nicht vorhersehbar. Freud weigert sich, sich als Prophet zu positionieren und bringt den Wunsch der Menschen nach Trost zur Kenntnis, aber er erkennt die Unsicherheit und Komplexität der menschlichen Natur und Kulturentwicklung an.

ENDE